子どもの生きる力を育てる指導計画

一人ひとりを認める保育

飯田和也 著

北大路書房

はじめに

　長い間幼児教育者として、保育所・幼稚園の研修会や障害児を通してのスーパーバイザー、さらには幼稚園の園長をしながら、短期大学で保育についての講義や演習をする機会をいただいてきました。日本各地での講演や研修で保育者とともに「乳幼児の生きる力」を育てる教育について考えてきました。そこで「生きる力」を育てるための保育の計画や実践の必要性を感じていました。

　子どもの立場になって一冊の本にまとめたいという思いになったのは、青年期になり悩み自ら命を断つ子どもたちが後を絶たないからです。生きがいをなくし、困難に出会っても乗り切る力をもっていない子どもがいます。こういった生き方しかできない原因は、乳幼児期の環境や育った家庭、保育所や幼稚園、学校などにさまざまな要因があると思われます。生きていく力を育てるために忍耐力をもち、自分の意思で判断し、周囲の人々に迷惑をかけない行動ができ、生きる喜びを味わい、生きたいという意欲をもつ教育が求められています。この大切な乳幼児期に、生きる力を育てるための計画と実践についての教育を探りたいとまとめました。

　本書は、保育者養成の学校で学生に対して、子どもを理解する方法と保育の環境をどのように構成するか、さらには子どもへの援助について具体的に理解し保育者になるにあたって実践する方法をより具体的に示すためにまとめた本といえます。また、自己点検・自己評価についても園長・主任として、どのような視点で何を大切にするかを記録し、後輩を育てるための評価についてチェックをする心構えも書いてあります。本書を通して、子どもたちを愛する保育者を育て、また子どもの立場になろうという心を伝えられることを心から願っています。

飯田　和也

目次

Ⅲ　評価・反省から

指導計画事例集

Ⅰ　子どもの具体的な姿を通して

命を大切にする教育への第一歩

乳幼児の「生きる力」を育てるには、われわれ大人が子どもたち一人ひとりに「あなたは存在しているだけで周囲の人に希望を与え、生きる力や幸福感、充実感、生きている喜び」を与えてくれているということを伝えることです。それに「生まれてくれてありがとう。そばにいるだけで嬉しい。見ているだけで幸せ。あなたの匂いをかげるだけで幸せ。声を聞いているだけで嬉しい。手を握れるだけでよかった」ということを保育の中や生活の中で具体的に伝えることが、「生きる力」を育てるために乳幼児期には必要です。このようなふれ合いから乳幼児は「生きている喜び」を味わうことができると言えます。保育の中で積極的な世話と保護をしながら「愛していますよ。あなたは大切な子どもですよ」と言葉をかけ、「あなたが生まれてきたことで周囲の人々を幸せにしている『光』のような存在である」ということを保育者や親が思いながら肌と肌とのふれ合いをすることが大切です。

乳幼児が保育所にいるのは当然だという感覚で保育するだけでなく、また預かってあげているだけという視点で子どもを保育するのではないのです。家庭の中で母親が自分の子どもと一緒にいることを幸せに感じることができれば、その子どもは母親と一緒にいることを幸せに感じます。親としての愛情を心から注ぐことで、子どもは愛されていると実感できるのです。これとまったく同じことで、保育者が子どもと一緒にいるだけで幸せを感じることが大切です。そのような保育者の態度と思いがあって乳幼児が保育所や社会の中で愛されているという感覚になり、「生きる力」に結びつくのです。たとえ、担任ではなくても「先生」と呼ばれ、周囲に子どもたちが存在している職場にいるだけで、幸せを味わうことです。このように子どもたちは周囲にいる大人たちから「愛されている、受け入れられている」と感じることで「生きている」という心情になり、さらには「生きていたい」という意欲に結びつきます。

乳幼児にとって大切なことは、自分がそばにいることを幸福に感じる人の手で育てられるということです。このように、子どもたちを愛することを知った人の手で、愛情ある環境の中で保育されることによって、乳幼児は信頼感を育てていきます。こうした保育から乳幼児は、自分には生きる力があることを信じ、自分自身を信じることができるようになります。保育の中で最も大切にしたいことは、乳幼児は「信じられることから愛されていると感じ、そして人を愛する行為に結びつく」ということです。

そこには、「生きる力」に結びついていくという保育所の教育の重要性があるのです。入所した日や最初の一週間などで一番辛いとき、苦しいときに自分のことを信じて、愛してくれる保育者が一人でもいたら、「自分は生きていたい」という意欲が湧いてくることになるでしょう。

しかし、今までの保育の中で反省しなければならないのが、絵を上手に描かせたり、音程どおりに大きな声で歌わせたり、全員がまったく同じように指先まできれいに揃うように踊らせたり、他の子より早く技術を上手に身につけさせることにこだわって教え込むといった**狭育**です。保育者主導で乳幼児の能力を無視し、大人の立場や視点だけで上手にさせようと狂ったかのように引っ張って伸ばそうとする**狂育**も見直したいものです。そして、保育の中で、子どもの言動から発達の大切さを気づかされ、大人も子どもの生き方から教えられ、ともに高まる**共育**が求められているといえます。このような視点に立つと、幼少時から計算が人より速くたくさんできることや、漢字が上手に書けることも大切かもしれませんが、「生きる力」を教えていない今までの教育の見直しが必要です。乳幼児期から「生きる力」を育てるのが教育の基本のひとつではないでしょうか。**「生きる力」を育てるとは、「困難に出会っても逃げないで自分で乗り切る力」「自分の意思で判断する力」「周囲の人に悪い影響を与えない生き方」を身につけさせることです。**昨今の若者が人を平気で殺したり、人の心を傷つけたり、「自分さえよければいい」と自分勝手な行動をしたり、また自分の命をあっさり絶ってしまうという状況から、われわれが反省しなければならないのが、乳幼児期の教育といえます。

周囲の大人や友だちから愛されるという体験がないために生きがいを失い、生きている喜びをもつことができない、友だちや母親からも受け入れられることがないために、困難に出会ったときに乗り切る力をなくしている子どもたちがいます。愛される喜びを知らないため、人を愛することを知らずに死んでいく子どもたちもいます。乳幼児期に周囲にいる友だちや大人から愛されるという出会いがあってこそ、生きている喜びに結びつき、生きていたいという意欲につながるのです。命の尊さと生きたいという心を大切にするのが、乳幼児期の教育の基本のひとつといえます。保育者の乳幼児への積極的な保護と世話、そして友だちから受け入れられ、子どもどうしがほめ合い、認め合う体験が保育の中でできているかを見直したいものです。

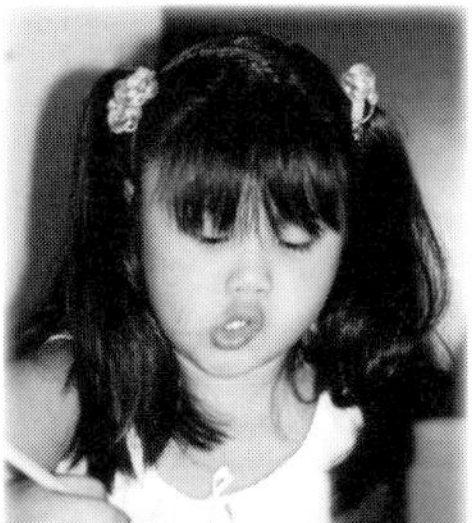

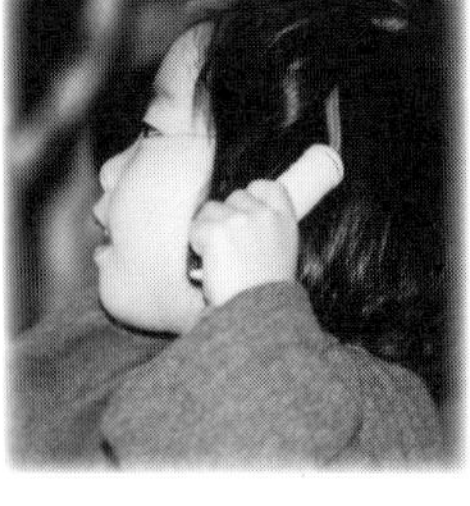

子どもが子どもをほめるという教育の重要さ

　中学生・高校生・社会人になりさまざまな困難に出会ったとき、辛いとき、悲しいとき、がまんをしなければならないとき、自分の力で乗り越えられる場合があります。それは**「保育所や幼稚園、小学校、中学校のとき、自分は友だちや先生からほめられていた、認められていた、受け入れられていた、愛されていた」**ということを思い出し、それが生きる力となるからです。苦しく、辛く、悲しいときに自分の能力を信じてくれる友だちや先生がいたことで、生きてきてよかったという感覚になるのです。社会の荒波にぶつかったとき、自分で乗り越え切り開いていく力を教育の中で育てることが最も重要といえます。

　技術や知識にとらわれ「生きる喜びを味わわせ、生きる力を育てること」を怠っていた今までの教育の見直しが必要です。保育者・教育者として保育場面において子どもたちが「自分は生きている」という喜びを味わわせているかを考えなければなりません。誰にも言えず、相談相手もなく、ひとりで悩み乗り越えようとしたとき、友だちや両親、先生の「たった一言」がよみがえってきます。「もう、おまえなんかいらない」「だめなやつだ」といった言葉がよみがえってくれば、「生きていたい」という気持ちにはなれません。しかし「あなたの優しいところはすてきだね」「あなたの絵は色の選び方が上手だね」「歌うとき、きれいな声だね」「言われないでもトイレのスリッパ片づけていたね」といった具体的にほめられた言葉はいつまでも心に残ります。特に、友だちから自分のよいところをほめられたことは印象に残ります。このような言葉がよみがえることで、辛いときにも「がんばって生きよう」という乗り越える力になるのです。保育の中で友だちから「○○ちゃん上手だよ」「挨拶できてすごいね」「縄跳び跳べてすごい」と拍手されたことは心に残っています。相手をほめるという行為は、友だちを受け入れるという生き方ができていないとできません。また、ほめるには友だちが踊ったり、歌ったり、絵を描いたり、集中していたり、自分なりに工夫しているのをしっかり見ていたり、よく聴いているからこそできるのです。

さらに、相手を受け入れることで「共感」することができます。このような態度ができるには、周囲にいる保育者が具体的に子どもたちをほめ、認め、共感する行為が必要となります。友だちに認められ、相手をほめることによって「生きている力」になっていきます。それには、小さいときから相手を受け入れる生き方を身につけなければなりません。乳幼児期に母親や父親から自分は受け入れられているという育ち方をすることが重要になると同時に、保育場面で保育者から「受け入れられている」「共感されている」という保育を受けることです。保育者は保育の場でのルールを説明し、迷惑をかけたときは叱り、命に関わる場合は厳しく注意することが必要になります。その一方で、子どもたちのよいところを見つける眼をもつことが大切です。悪いところばかり指摘し、直すことだけにとらわれないことです。悪い箇所を言い過ぎているとクラスの子どもたちは友だちに対しても欠点ばかりを見つけ、注意ばかりしているクラスになってしまいます。

このような保育から「愛される体験があって人を愛する生き方」に結びついていきます。日本中の子どもたちが保育所や幼稚園、小学校、中学校や社会の中で相手を受け入れ、ほめ、認め、共感するという行為があれば、きっと素敵な世界になると信じています。

養護の考え方

養護の基本は乳幼児の生命を護ることです。例えば、二人一組になってひとりが眼を閉じて黙ってうしろに倒れるとき、もうひとりがうしろで支えて生命を護るという体験をさせます。そのとき、うしろに倒れる子どもはうしろで支えてくれる相手が本当に支えてくれるかどうかによって安心して身を委ねることができます。しかし、相手を信じていないと思い切ってうしろに倒れることはできません。このときお互いに信頼関係ができていれば、眼を閉じて倒れたり、支えることができます。

　このように乳幼児と保護者、乳幼児と保育者のしっかりした信頼関係がある保育の重要性を理解することです。保育者は保護者がわが子の生命を保育所や保育者に任せていることを改めて知り、乳幼児の命を護ることを肝に銘じて保育することになります。保護者は保育所を信じていなければわが子を保育所に預けることはできません。したがって、保育所は「お子さんの生命をしっかり護っていますよ」という説明を丁寧に保護者に伝える義務があります。地震や台風、火事、大雨など、**どんなことがあっても保育者は子どもたちの命を護るということが養護の第一と言えます。**訓練や鍛錬だけを重視した偏った保育は見直したいものです。

　また、保育所で食中毒や病気にならないように保健衛生的な環境を準備しなければなりません。保育者は０《オー》１５７やその他の食中毒にならないように給食やおやつのときに衛生的に手を洗ったり、食器やテーブル、保育室を清潔にすることです。さらには、保育室が暑すぎたり、乾燥しすぎたりしないように配慮することも大切です。季節によって暑い中がまんさせることなく水分の補給をさせ、日陰に入れて熱中症にならない配慮も養護の基本になります。砂埃の立っているようなときには水をまくといった立案や実践も重要になります。

さらに、入所したころは乳幼児は真っ暗闇のような不安な状態になり、「ママ」「お母さん」と言って泣くことがあります。そのようなときに情緒の安定を図ることは養護の基本のひとつです。情緒の安定を図るには、「ここで泣いていいのよ」といった相手を受け入れる態度を見せることです。安心できるように笑顔で「抱き上手」なスキンシップをする保育が必要になります。個人差を配慮し、その子どもの能力にあわせて軽くふれたり、ぎゅっと抱きしめる、それも数秒間といった技術が要求されることは言うまでもありません。早く集団に慣れさせるために泣いたままにさせておくといった保育態度は見直さなければなりません。乳幼児が辛いとき、「がんばれ、がんばれ、みんながんばってきたんだよ」といった安易な励ましをするのでなく、「今、がんばっているよね」と言って、甘えたいときは受け入れ、

さらに、保育の中で生理的欲求を満たすことが重要になります。おなかが空けばミルクや食事を与え、眠くなれば十分に睡眠をさせ、暑さ寒さには室温や衣服で調節をすることも大切になります。

また、年齢が高くなったときには、いつでもどこでも好き放題に行動させていいというわけにはいきません。このことは教育の中で論じることですが、保育所の中には人との関わりの中で約束事があり、それを守るのは当然です。

以上のような保育者の積極的な保護や世話が養護の基本であり、その上に幼児期の教育があるのです。

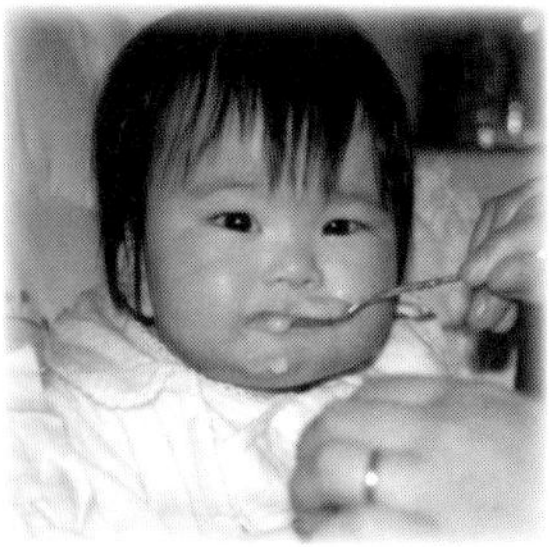

子どもの耳になっていますか

保育の中で「歌いたい」という意欲は、周囲の子どもたちが楽しく歌っている様子を見てあふれてくるものです。この「歌いたい」という気持ちは生きる力に結びついているということを理解して保育したいものです。この生きる力を育てるには、生きたいという意欲をもたせることが大切です。それには、「周囲の物や人に関わる力」が自発的でなければなりません。環境に自分から関わる意欲を育てるためのひとつの場面から教えられました。

五歳児が七夕の集いのときに「大きな歌」という曲を練習していました。全員が横三列に並んで保育者のピアノに合わせて歌うのですが、その歌声は弱々しく元気のないものでした。特に、一番うしろに立って歌っていた四名は、歌詞を覚えていないのかつまらなさそうにしてほとんど口も開けず、よそを向いたり、下を見たり、前のほうをボーッと見ている状態でした。また、歌おうにも歌詞を理解していないようでした。

このような子どもたちをそのままの状態にしておくのは放任教育と言えます。まさに保育者として人を大切にしながら発達の助長をするという教育を放棄した放任教育です。「環境を通して人は発達する」という言葉があるように、人的環境としての温かい雰囲気が必要です。周囲の友だちの歌う歌詞を理解し、それをまねしたくなるような保育場面を与えられることで、自発的に環境に関わることができます。この環境に関わる力を育てることも、「生きる力」を育てる保育の重要なポイントです。上手に歌えないので練習させるという考えも大切ですが、**環境の再構成をすることで「自分から○○する」といった**

自発的に関わる力、そして生きている喜びと生きていたいという意欲に結びつく環境構成を工夫する眼をもつことが大切です。また、このような場面を保育者が見たならば、子どもの意欲に結びついていないということを瞬時に把握して、環境の再構成をすることです。

つまりこの場面では、うしろには誰もいず歌詞を覚えていない、はっきり歌えない、聞こえないから歌う気持ちになれないのなら、うしろから誰かの声が聞こえるようにして歌いたくなるようにしてあげることです。歌うことができない子どもをそのままの状態にする保育から歌いたくなる環境をつくってあげることが保育者の専門性です。この場面では、一番うしろに大きな声で音程どおりに歌える子どもを配置することで、前にいる子どもたちの歌いたくなる気持ちを引き出すことができます。このような環境を構成することを保育者は知っていなければなりません。「がんばれ、がんばれ、がんばれば誰でも歌えるようになるよ」といった、何度も教え込めばいいという教育ではなく、どのようにがんばればよいのかというアドバイスができる保育者でいたいものです。「わからない人は、お友だちの歌っている声を聞いてまねしてもいいんだよ」と言うと、子どもたちは一生懸命まねをして歌いだすことでしょう。まさに「まねるは学ぶ、学ぶは創造力」といった保育場面です。

このように、友だちや音に関わる力をもつことで、生きている喜びを味わうことができる雰囲気づくりは重要です。環境の再構成の必要性は、子どもたちからのサインとして現われます。この「つまらなさそうなサイン」を見つけ、「なぜか」を探り、そこで子どもの意欲に結びつく保育の方法を工夫することが保育者の専門性と言えます。

友だちと一緒に大きな声で歌えるようになったとき、見物していた他の年齢の子どもたちから「わあ、上手、上手！」と拍手が沸きあがりました。先生も子どもたちも認められ、拍手を受けて「ニコッ」としている姿が印象的でした。

筋ジストロフィーの子どもから教えられたこと

発達の方向性という言葉、また、乳幼児の心情・意欲・態度という言葉を理解できないとき、障害のある子どもの行動からそれを考えてみましょう。

あるひとりの進行性筋ジストロフィーの五歳の女の子がいました。その女の子は自分では立つことができない状態でした。このような障害のある子どもに対して、一生懸命立たせることが第一目標だという教育をしていると、子どもも保育者も保護者も疲れてしまいます。立たせることにこだわることで、他の能力の中で眠っている心情や意欲、工夫する態度を捉えることができなくなってしまいます。立たせるための保育ということでなく、立ちたいという意欲を引き出すことです。そこで私（筆者）は、立てた喜び、そして立ちたいという意欲、さらには生きていたいという意欲を育てることの重要性を教えられたのです。

この女の子が保育室で寝転がって一緒に遊んでいるとき、窓の外の柿の木に実がぶらさがっているのを見つけ、「先生、見たい」と言うので窓まで連れて行き、そっと窓を開けました。すると五メートルほど離れたところで「チッチッ」と小さな鳥が竹の棒の先にとまってこちらを見ながらさえずっていました。それを見た女の子は「先生、とって、とって」と言って両手を窓の枠に伸ばして必死に捕まえようとしました。今まで立てないはずの女の子が窓につかまり、両手で体を支えて立っている姿に感動をおさえることができませんでした。

数秒もの間、ひとりで茶色の小鳥を捕まえようと立っているその子の姿から、「意欲」をもたせるには、自分の意思で「何かをしよう」という気持ちを育てることだと、この子から教えられたのでした。立てないから立たせることを一生懸命に工夫する前に、立ちたくなる意欲をどのようにもたせるかということを保育者や教育者が考えることの重要性を改めて教えられました。

一人ひとりの能力にふさわしい環境をしっかりと捉え、そして生きる力を育てるための教材や用具や雰囲気を発達に合わせて用意することが重要です。この女の子との出会いから、技術を高める教育にこだわるのでなく、一人ひとりの発達の方向性を捉え、意欲を引き出すことの大切さを教えられました。

目標を具体化した「ねらい」という指針の言葉を理解するうえで保育の目標を整理し、子どもの実態や実情、地域性、保護者の要望を捉えると同時に、**子どもたちに生きている喜び、生きていたいという意欲をもたせるように、保育の方針を立てることが重要です。**

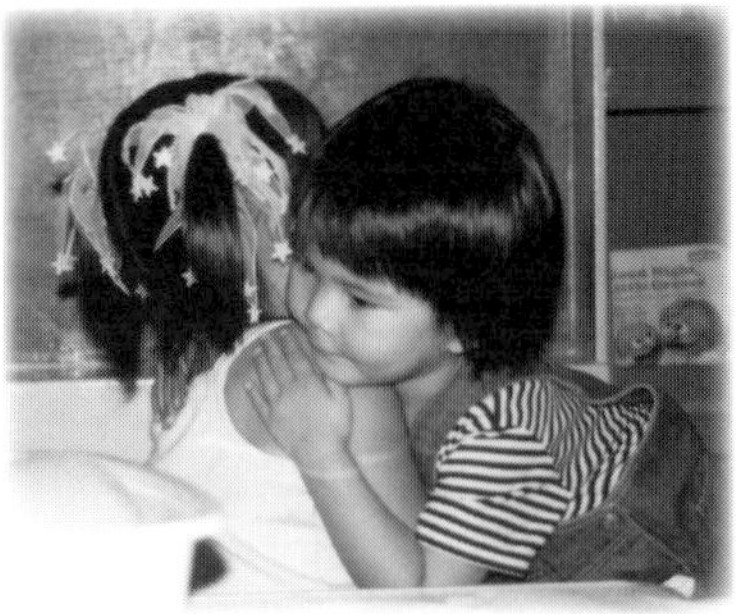

Ⅱ　保育課程から指導計画への立案

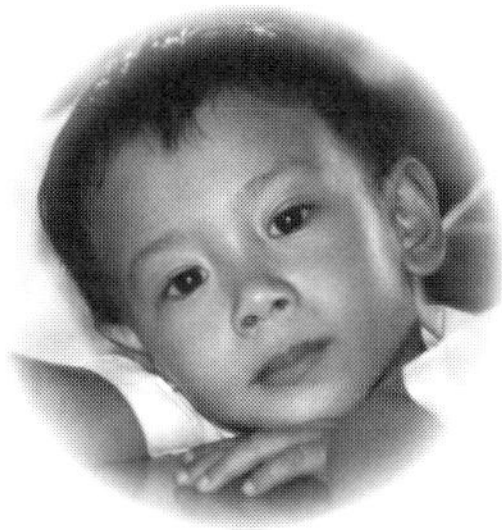

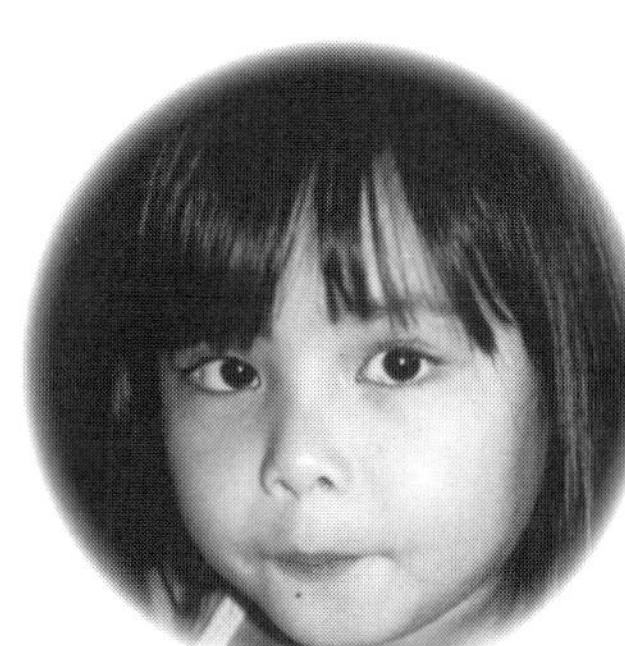

自分の立案の癖と実践の癖を把握する

指導計画を立案するときにさまざまな様式や考え方が見られます。時には自分が立案している記入が偏っていないかチェックすることも大切です。園全体の保育課程を元にして立案していない指導計画は、保育の方法がバラバラになっている場合も見られます。「生きる力」を育てるという大きな目標や方針である保育課程が、クラスの指導計画を立案したときにこのような考えが記入されずに、「上手にやらせなければならない」といった保育の立案・実践となっていないかをチェックすることも重要です。また、年間指導計画が保育課程と結びついていないと、行事のときにクラスの担任の考えが目立って、園全体の保育観が疎かになる場合もあります。保育士として自分で勝手に考えた指導計画を立案すると偏りがでる場合があります。保育課程を中心にすることにより自分は園長や主任の考えを大切にして立案し、実践をするという認識をもつことも大切です。このような立案の原則を考えないで年間指導計画や月案、週案などを作成すると自分の癖が現われます。この自分の立案や実践の癖は自分では把握することが困難と言えます。園長や主任、先輩の保育士によって指摘されることによりその癖を理解することができます。

例えば、六月の四歳児の立案の環境構成において、「歯ブラシ・コップを清潔に保てるように収容ケースを用意する」と物的環境の立案のみで人的環境は記入されていないケースを考えてみましょう。このように人的環境が立案されていないと「予想される活動」には、物的環境にどのように関わるかといった予想しか記入できません。例えば、「食後はきちんと歯磨きをしたりする」といった記入であるとします。ここで考えなければならないことは、指導したい、体験させたい援助事項を予想することではないということです。どのように関わるかを「予想」することですが、物的環境のみでは関わり方が偏ってしまうことになります。「先生が歯磨きする姿」「友だちが歯を磨く姿」といった人的環境としてのモデルを立案することに対して「どのように関わるか」ということを「予想」することで幅広い予想になります。例えば、「先生のまねをしてブクブクしたり歯磨きをする」「先生や友だちの歯磨きを見ている」「歯を磨かないでフラフラしている」「友だちにブクブクしたのをかける」といったような立案ができます。そして援助は「先生みたいに磨けると気持ちいいよ、と話しかける」「先生や友だちのように磨けると気持ちいいよと言う」「フラフラしていてもいいけれど、磨きたくなったら一緒にしようねと助言する」「友だちに水をかけると汚れるから注意しようねと指示する」といった働きかけが工夫できます。しかし、物的環境の立案だけでは幅広い働きかけが記入できません。友だちや保育者に自分から関わるという行為を育てることで主体的な活動に結びつき、困難に出会っても自分で乗り切る生き方につながります。このように自分の立案が偏っていると、実際の保育も狭い援助の保育になる場合があります。このような立案に対して保育者の癖をお互いが見る目を養うと同時に、実践での保育の偏りと保育課程からのズレを捉えることが「生きる力」を育てる教育には重要です。

しかし、実践の中で偏っていることを指摘されることに対して、自分の保育が正しいと思い込み、反発をして聞こうとしない、見ようとしない、わかろうとしないという態度をとる保育者が余りにも多いことは残念です。「先生、先生」と呼ばれて自分は人より優れている、できている保育者だという態度で聴く耳をもたないために、発達を妨げられているかわいそうな子どもたちがいることを知らなくてはなりません。

園内研修やさまざまな研究会などに出席することで自分自身の保育観を時々見直したいものです。

縄跳びの保育立案と実践

発達の方向性を考え、到達目標ではない「ねらい」を捉えた「縄跳び」の保育場面から指導計画の立案を考えます。

ここで、大切なことは保育目標と保育方針を理解して指導計画を立案しているかということです。保育目標と自分の保育所の方針を把握しないで計画を立案すると、保育がバラバラとなり子どもたちは混乱します。

保育目標に養護と教育があり、その中のひとつとして教育の例をあげれば、「健康・安全で幸せな生活のため、基本的生活習慣・態度を育て困難に出会っても自分で切り開いていく健全な心身の基礎を培うようにすること」があげられます。この言葉は地域の実情、子どもの実態、保護者の要望、園長の保育観などから整理されて立案されます。また、子どもは一人ひとりは個人差がありますが「困難に出会っても逃げるのではなく自分で切り開いていく力」を身につけ、さまざまな出来事や人との出会いの中で大きくなっていきます。「十年二十年先に自分で切り開いていく知恵をつけてほしいと願って教育しています」という発達観を方針にして保護者や保育者に共通に説明していきます。

●ねらい

保育所保育指針にあるねらいは「保育の目標をより具体化したものである」と文章化されています。この具体化は、ねらいをひとつだけで実践することではありません。それぞれの園の目標が複数あり、それらを考慮して企画したいものです。ねらいの例として「さまざまな用具を使い、複雑な運動を通して身体を動かすことを楽しむ。また先生や友だちと一緒にさまざまなものや人と関わり自分で工夫しようとする」などが立案できます。

●援助事項としての内容

五歳児の発達の視点として「援助事項としての内容」を取り上げます。

以下の内容は均等に扱うということではありません。四季や時間、人数を考えて立案します。

〈健康〉 縄跳びにすすんで取り組み、工夫して跳ぶ友だちと一緒に、前跳びやうしろ跳びをして楽しむ。

〈人間関係〉 縄跳びを跳ぶときの簡単な決まりを作り、友だちと一緒に跳び方を発展させる。交代で跳んだ数を数える役を決める。前跳びで競争しようというルールを見つける。

〈環境〉 縄を大切に扱い自分の縄を整頓する。

〈言葉〉 縄跳びで跳び方を工夫したことや跳んだ回数を話したりして会話を楽しむ。

〈表現〉 縄を跳んだときのリズム感や縄が地面に当たる心地よいリズムを奏でることを楽しむ。

●環境構成

「ねらいと内容にふさわしい環境構成」として人的・物的環境を準備します。

〈人的環境〉

・子どもが跳びたくなるモデルとして上手に跳ぶ姿を保育者が示す。

・子どもが跳びたくなる環境として失敗をする姿を保育者が見せる。

・先生に関わりたくなるモデルとして、友だちの跳んでいる回数を数える先生の姿を示す。

・友だちが上手に跳ぶ姿を示す。

・友だちが失敗する姿を見せる。

このように上手に関わる姿だけでなく、失敗をする姿も工夫して示すことで、人的環境の関わり方が幅広くなります。

〈物的環境〉
・縄跳びを取り出しやすいように準備しておく。
・大縄跳びが跳べるように庭の場所を確保しておく。
・同じ長さの縄を箱の中に入れて取り出しやすくしておく。
・全員の縄を準備して吊るしておく。
・少し取りにくい場所にかけておく。

発達の中の「困難に出会っても避けるのでなく自分で切り開いていく力」を大切にするならば、子どもにとってすべて安易な状況ではなく困難な状況を構成することも将来のために必要です。困らせ上手な保育が求められています。また、自発的に関わりたくなるモデルとして保育者は行動したいものです。さらに、関わりたくなる友だちグループの編成に留意したいものです。人的環境として子どもにとってまねしたくなる先生や友だちが近くにいることで、行動の範囲が広がったり、狭まったりします。

●予想される活動

物的・人的環境構成に対してどのように関わるのかについて立案することが「予想される活動」です。

――縄跳びでぐるぐる回す。ブランコにひっかける。蛇に見立ててにょろにょろさせる。犬・猫ごっこといって首に巻きつけ引いて歩く。「先生、縄跳び取れないから取って」と言う。すべり台にトンネルだと言って巻きつける――といったように内容（援助事項）を立案するのではなく、どのように関わるかを記入します。

ここで注意することは発達を大切にした環境構成をすることにより、子どもの関わる活動は幅広くなるということです。

●援助活動

ねらい・内容にふさわしい援助をすることが大切になります。子どもが一、二、三、四回跳び五回目を失敗するのを見て「四・五回跳べたね」と声をかけてほめます。跳びたくない姿を見せている子どもには縄の長さ、重さ、硬さなどを工夫して能力に合わせて環境の再構成をします。見ているだけの子どもには「○○ちゃんの跳び方おもしろいね」と伝えます。「先生もケンケン跳びするから見てて」と言って跳び、失敗する姿を示します。このように共感・問いかけ・励まし・慰め・見守り・指示・命令などを立案します。

ここで留意することは跳べた満足感を味わい、もっと跳びたいといった意欲をもつような援助をすることです。単に上手に縄跳びを跳ばせればいいといった技術にとらわれた保育から、発達の方向性を大切にして「跳べた、もっと跳びたい」という満足感や意欲に結びつく働きかけを工夫することです。それには一人ひとりの能力や性格に合わせて言葉をかけることが大切です。全員に対して一斉に跳ばせれば、できる子とできない子の差が明らかになります。保育とは心情・意欲・態度を重視することであり、劣等感をもたせたり、早く上手に全員を跳ばせるということが到達目標ではないのです。「自分は愛されている、認められている、受け入れられている」と実感できる保育が大切です。

具体的援助事例

★ほめ上手「前に出してチョン」から

縄跳びを上手に跳べない子どもが跳べるようになるまでの過程から、ほめ方のポイントを教えられました。それは、友だちが縄跳びをしているのを見て、時々縄跳びを持つものの、跳ぶことはむずかしいと感じている女の子の話です。ある日その女の子は「前に出してチョン」という言葉かけを先生からしてもらいました。何度も「前に出してチョン」と、先生や友だちの近くで試みていました。今までと違い自分のやり方を見つけて何度も工夫する姿が見られ、帰るころには先生たちの前で「前に出して、チョン。前に出して、チョン……」とスムーズではないものの、とまることもなく跳ぶことができました。

ここで大切なことは自発性といえます。押し付けられるのでなく、自分から縄跳びを跳ぶという姿勢が生まれたのです。人間はさまざまなことを試みます。しかし、自分の能力からあまりにもかけ離れていると、やりたいという意欲に結びつきません。しかし自分でやれそうだと感じられれば自分からしてみようと試みることもあります。この場合も、自分もできるかもしれないといった感覚になり、跳ぶことを試みたのかもしれません。そして何度もそのやり方を試み、やれそうだと感じてくり返すことで自信をもったと思われます。そして、まわりから「○○ちゃん、連続で跳べてすごいね」と言われると、また自分流に腰をかがめて工夫して跳んだのでした。そのとき、自信を得てさらにやってみたい気持ちになり「先生、見て」と誘いに来ました。どれだけ跳べるか確かめるために「数えてもらいたいから跳びたくなる」という心情になり挑戦が始まりました。その中で、今度は前に出してチョンの一回目と二回目の間が短くなり、腰を低くしながら工夫している姿が見られました。そして三回跳び、四回目には引っかかりました。そのとき「○○ちゃん、三・五回」と言うとニコッと笑うのでした。そして、その日は満足げに家に帰って行く姿が印象的でした。

次の日の帰りにその女の子から「先生、縄跳び見てて」とまた誘いに来ました。朝から自分なりに練習をして跳べた達成感から数えてほしいという気持ちになったのでしょう。その日は「前に出してチョン」といった腰を低くしながら跳ぶ跳び方でなく、連続で三回跳べたのです。「腕のふり方工夫したね」と言うとニコッと笑う二日目でした。その日、母親が迎えに来ていたので保育者が「昨日は腰をかがめて跳んでいたのが、今日はかがめないで工夫して跳んでいましたよ」と伝えると母親はびっくりし、嬉しそうな笑顔を見せてくれました。

二日間縄跳びに夢中になっている子どもから縄跳びに関わりたくなる援助を教えられました。それは、縄跳びを跳べたという充実感を味わわせることです。そのためには跳びたくなるための技術を保育者や大人は理解していなければなりません。一人ひとりの子どもの能力にあわせるために「前に出してチョン」といったはじめの一歩をわかりやすい言葉で伝えることの重要性も教えられました。精神論だけでは子どもの能力を伸ばすことはできません。技術を身につけさせる知識をもつことも大人の重要な役割だと言えます。また、縄跳びに関わるときに跳べたという充実感を味わわせることも重要です。跳ばせるための働きかけにこだわるのでなく、縄を跳べたという充実感を味わうには跳べたときを見つけて共感し、言葉をかけることが重要になります。跳んでいるからそれでよいという態度でなく、「じっくりとあなたの跳んでいる姿を見ていますよ」という態度で言葉をかけることです。このような態度を保育者がすることにより「もっと跳びたい」「先生、数えて」といった「見ていてくれる人がいるから跳びたい」「数えてくれる人がいるから跳びたい」といった心情になります。子どもは一人では縄跳びを跳ぶのは楽しくありません。見ていてくれる人がいるから跳びたくなり、跳ぶのを数えてくれる人がいるから跳びたくなるという気持ちではないでしょうか。

人との関わりによって生きている喜びとか生きていたいといった心情になります。人はひとりでは生きていけず、生きる力の元となる人とのふれ合いが大切なのです。愛されているから生きていたい、自分のことで泣いてくれる人、喜んでくれる人がいるからもっと生きていたいという気持ちになります。

二日目のときに跳ぶのがただ上手になったといった見方でなく、工夫したり、考えて跳んだことを見つめる保育者の援助が重要といえます。

子どもの発達、思考力のために最も大切なのは見えないところに焦点を当てることだと言えます。上手にできるからよいのではなく「どうしたから上手になったのか」といった視点をもつ保育者が思考力や心の働きをもっていることに気づかせるということです。自分には考える力があるということを気づかせてくれる保育が重要なのです。技術のうまい・へたは誰でも見れば瞬時に理解できます。しかし、考える力は子どもはなかなか自分では気づけません。思考力をもっていることや心の働きをもっていることを子どもに気づかせることがこれからの保育には大切です。

散歩の立案と実践——五歳児の場合

目標の具体化の事例として「散歩の場面」を取り上げ、「ねらいは目標をより具体化したものである」という保育所保育指針の文章を理解し、立案から実践に結びつける保育の方法を考えます。この保育目標は、園長と主任が中心になり設置者の趣旨、園長の保育観、周囲の子どもの実態、地域の実情により作成します。地域によっては散歩ができない保育所もあり、季節によってはできないときもあります。

●保育目標

保育目標としてさまざまな要因を整理した例が「自然や社会の身近な事象についての興味や関心を育て、それらに対する豊かな心情や思考力、地球を大切にする心の基礎を培う」となります。このような文章は園長がひとりで決めるのではなく、主任の意見も考慮していないと園長の自己満足な言葉で終わってしまう場合があります。公立であれば設置者である市町村の福祉や教育の理念を反映することも大切になります。宗教を重視している園は、特にそれぞれの宗派の考えを取り入れることです。園長は目標と方針を明確にしますが、自己満足な言葉でなく、多くの人に理解してもらえるように配慮することが大切です。

●ねらい

この目標をより具体化した五歳児のねらいの例として、「身近な環境や自然とふれ合う中で、自分たちの生活との関係に気づき、それらを取り入れて楽しむ」という文章があります。これは到達目標でなく、五歳児という年齢にふさわしい発達の方向性としての立案にしたいものです。

ここまでの立案は、園長が考え主任も協力した保育課程の一部になります。ここで注意することは、保育目標がスローガンのような短い言葉だけで説明がないと、「より具体化したねらい」に結びつきにくいということです。乳幼児の心情・意欲・態度を考えると「～を深める」「～を楽しむ」「～を味わう」「～を広める」「～をしようとする」といった言葉を語尾に使用することで、発達の方向性を考慮した実践に結びつきます。これらの言葉を使用することで到達目標と区別しやすくなります。

この保育課程を元にしてクラスを担当する保育者は年間指導計画を立案します。このとき、保育課程の言葉を利用し季節を配慮すると立案しやすい場合もあります。教育のねらいの例として「冬の自然とふれ合う中で自分たちの日常生活との関係に気づき、見たり、さわったりしてその性質や存在に興味をもったり、数・量・形などへの関心を深める」といった文章も参考にしてください。この年間指導計画や月案では大雑把な発達の方向性として保育計画を利用します。このレベルで細かくしすぎる必要はありません。

月案を元にした週案や日案の「ねらい」は次のようにもなります。当然地域や季節のことを考慮しなければなりませんが参考にしてください。「冬の自然事象への関心が高まり、園の周囲のさまざまなもののおもしろさ、不思議さ、美しさなどに対して感性を広める」といった五歳児が身につけることが望まれる心情・意欲・態度などを示し、到達目標でなく発達の方向性を示した事項として立案します。

また、養護のねらいの例として、保育目標には「十分養護の行き届いた環境の下に、くつろいだ雰囲気の中で子どものさまざまな欲求を適切に満たし、生命の保持および情緒の安定を図ること」といった文章が立案されているはずです。このような目標が保育課程に立案され、これを元にした年間指導計画や月案には「冬の寒さの中で保健的で安全な環境をつくり快適に生活できるようにする」といった文章が立案されます。養護は、訓練や鍛錬でないという基本を考慮して立案したいものです。保育所において安定した生活と充実した活動ができるために保育者が行わなければならない事項として立案します。この立案をするとき、保育課程と指導計画の中に養護の文章は重なるような部分もあることを考慮していなければなりません。養護とは、乳幼児が保育所に来て帰るまでの間、生命を護り、病気にかからないようにし、情緒の安定を図り、さらには生理的欲求を満たすために大人がしなければならない行為です。散歩の最中に生命を護り、安全で保健衛生的な保育をするために、養護の言葉は立案したいものです。

しかし、重要なことは保護や世話だけでなく、「自分は愛されているから安心して行動してもいい」といった自発的な活動の基になることもふまえていなければ保育になりません。

●援助事項としての内容

子どもの主体的、自発的な活動に対して子どもの発達の側面から保育者が援助する事項として内容を立案します。

〈健康〉

・歩くとき十分に体を動かし、道路での危険を招く事態を予測し、気をつけて行動する。
・散歩のとき、危険なものに近寄り、危険な場所で遊ばないなど安全に気をつけて行動する。

〈人間関係〉

・歩くとき人に迷惑をかけないように人の立場を考えて行動する。
・散歩のときは共同の道具や用具を譲り合って使う。
・地域のお年寄りや身近な人に感謝の気持ちをもつ。

〈環境〉

・冬の自然に親しみ、雪、氷、霜柱などの大きさ、美しさ、冷たさ、不思議さなどに気づく。

・散歩のときは信号、道路標識などに興味・関心をもつ。
・近所の人々、お百姓さん、八百屋さんなど生活している人たちの姿に気づく。
・保育所にある施設、遊具との違いに気づく。
〈言葉〉
・散歩のとき出会った人々と挨拶する。
・冬の自然を感じたことを先生や友だちに伝える。
〈表現〉
・散歩のとき美しいものを見て喜び、身のまわりを美しくしようとする気持ちをもつ。

以上のような五歳児の発達の視点と援助事項としての内容をおさえた文章を立案したいものです。しかし、このような内容が立案できない保育者には注意したいものです。「内容のないような保育はもういらないよう」という言葉にあるように放任保育や無責任な保育にならないようにしたいものです。

●**環境構成**

このような「ねらい」と「内容」にふさわしい環境構成として人的環境と物的環境を立案します。人的環境として「散歩コースで交番に立っているおまわりさんの姿」「畑で働くお百姓さんの姿」「友だちが道路を歩く姿」「先生が友だちと手をつなぐ姿」といった散歩のコースにおけるさまざまな人的環境を工夫して立案できることが「環境を通して人は発達する」ということに結びつき、さまざまな子どもへの発達を助ける保育方法に結びつきます。

また、物的環境として「信号機のある道路をコースに選ぶ」「〇〇公園にあるブランコ、ジャングルジム、すべり台が安全か見ておく」「〇〇さんの飼っている犬の近くを通るコースを選ぶ」といったさまざまな環境に関わる力を育てる教育が実践されるためにも幅広く工夫して立案したいものです。

●**予想・援助**

「ねらい」と「内容」にふさわしい環境構成を立

案することが大切です。そして、この環境に「どのように関わるかが予想される活動」として立案することです。「この子はおてんばだから仕方ない」といった捉え方で子どもの活動を偏って見ていると放任保育となって一生に関わるけがをさせてしまう場合もあります。一人ひとりの個人差や多面性があることを理解するならば、クラス全員が散歩に行くときに、環境にどのように関わるかを予想することで、クラス全員の「予想される活動」を立案できることで援助が幅広くなります。この予想をまちがえてしまうと、散歩の最中に迷子になったり、交通事故にあってけがをさせてしまうこともあります。

例えば「○○さんの飼っている犬の近くを通るコース」にどのように関わるかを予想します。「ワンワンと犬と一緒になって吠える」「『なんて名前かな』と問いかける」「手を出してさわろうとする」「吠えられて逃げる」などが予想されます。このように予想をすれば、犬にさわろうとする子どもに対して「急に手を出すと噛まれるかもしれないよ、注意して」と助言したり、「ワンワンと鳴いてかわいいねえ」と共感することができます。

また人的環境の視点からは、「畑で働くお百姓さんの姿」に対して「黙って下を向いて歩く」「『おはよう』と声を出す」「『何しているの』と問いかける」ことなどが予想されます。このような予想に対して黙って下を向いて歩く子どもをそのまま放任するということではないはずです。体験させたい援助事項の言葉や人間関係には「挨拶をする」とか「身近な人々に関わる」といった内容があるはずです。このような内容は保育目標の中に園長の保育観として言葉や人を大切にするために整理されているはずです。園全体が統一した保育を実施するためには、下を向いたまま通り過ぎるのでなく「○○ちゃんのように元気な声でおはようが言えて気持ちいいね」といった保育者のほめ上手な働きかけにより、挨拶したくなる保育をすることです。「いつもありがとう」「おはよう」といった感謝や挨拶の言葉を使えたり、さらには人との関わりを大切にする生き方を体験・

指導したいという目標にふさわしい考えのもとに実践することです。「黙って歩くのでなくはっきり『おはよう』と言いなさい」という押しつける保育ではありません。自分から人やものに関わる自発的な態度を養うことです。

このように自分から環境に関わるためには、散歩も一年間を通して決まったコースを選ぶことも内容のためには必要です。四季の違いによって園の周囲は異なった自然環境になっていることを利用することも重要になります。目標にある環境に関わるということを大切にするならば、指導計画に一年間の中で工夫した環境を選択しなければなりません。保育者の気分転換の散歩のための園外保育は慎みたいものです。保育者自身も自然に対して感性をもち、楽しむ姿を子どもたちに示しながら保育をする必要があります。また、散歩からクラス全員の子どもたちがさまざまな自然環境や周囲の環境にどのように関わるかを「予想」することで、事故を防いだり、一人ひとりの感性を発達させることにつながります。

紙芝居の立案と実践

保育の中で紙芝居を利用する場面はさまざまに見られます。食事が始まるとき、食事が終わって落ち着かせるとき、帰るときに情緒を安定させるため、また、次の活動を落ち着いて展開させるためといったように、さまざまな保育場面で利用されます。しかし、ただ紙芝居を見せて子どもたちを自分のほうに集中させればいいという保育から脱却したいものです。紙芝居を通して「総合的保育」といわれる保育について考えれば、ただ紙芝居を読んで見せればいいという今までの保育は見直すべきです。「ねらい」という言葉が使用されていない時代の保育では、ただ静かにさせるため、あるいは時間かせぎのためという目的で紙芝居を安易に子どもたちに見せていたことが多くありました。しかし、環境を通して人は発達するということが重要視されるようになり、保育の環境の理解の仕方も異なってきました。紙芝居を通して言葉のイメージを広げればよい、テーマに沿って子どもが理解して行動できるようになればよいという従来の保育から、人間関係を理解したり、物や出来事に関わる力を育て、行事に参加する態度を養ったり、人間関係の中で約束事を守る力を育てるといった、紙芝居のさまざまな働きが理解されるようになってきました。保育者の用意する紙芝居を通して総合的に発達するという考えが保育の中に芽ばえてきたということです。

●ねらい

このような考えに沿って発達の方向性を考えると、「ねらい」には「紙芝居に親しみ、そのおもしろさがわかり、さまざまな言葉や出来事を想像して楽しむ」「友だちと一緒に紙芝居に関わり、楽しさを味わう」といったことも生じるのではないでしょうか。このような発達の方向性をもった「ねらい」としての内容には「紙芝居のナレーションやせりふを聞いて、言葉のおもしろさに興味・関心をもつ」といった、五領域の言葉の中で発達をしているか、していなければ発達させたい援助事項として立案することになります。また、「紙芝居を見るときに周囲にいる友だちに対して迷惑をかけないように人の立場を考えて行動する」といった人間関係のための立案ができます。環境では「紙芝居○○に関心をもって生活や遊びに取り入れてさまざまなものを作って楽しむ」といった立案もできます。しかし、このような内容に対する立案は五等分に作成するものではありません。季節を配慮し、クラスの人数を考慮し、そして子どもの能力を考えると当然均一ではないということになります。

●環境構成

人的環境を考慮すると「保育者の紙芝居○○を読む姿」や「友だちが紙芝居○○を見ている姿」といった文章が立案されます。このような人的環境やモデルを通して子どもたちはどのように関わるかということになります。物的環境として「紙芝居を見やすいように椅子を円形に並べて置く」ということも考えられます。

●予想・援助

「予想される活動」として「先生がどんなふうに声を出しているかと紙芝居のうしろに回って来る」「そばの友だちの身体をつつく」「ふらふらして歩き回る」「『その紙芝居知っている』と大声を出す」「座っている椅子をがたがたとゆすって音をたてる」「紙芝居の絵を見ている」などが考えられます。このように紙芝居に関わる活動を予想することで援助活動が幅広くなります。

援助活動は「ふらふらして歩くと、友だちに迷惑をかけるから注意しようね」「友だちの頭をつつくと聞けなくなるのでやめようね」と助言します。始める前には「途中でトイレに行きたくなると全部見ることができないので、始まる前にトイレに行きたい人は行ってきてね」と声をかけたほうがよいでしょう。

一方、読んでいる途中の言葉かけも立案できます。また、読み終わってから余韻を味わわせる紙芝居もあるはずです。そして、子どもたちが理解したことや集中していたことに共感して「○○がおもしろかったね。先生も涙がでそうになった」などの言葉を伝えるといった働きかけも必要です。当然、紙芝居を準備するときには、年齢や人数にふさわしい大きさや内容が理解できるようなものを選ぶことになります。選ぶと同時に下読みをしっかりして自分自身がストーリーを把握し、大事なところのテンポを大切にすることです。「間は魔物」という言葉があるように、読むときに最も大切なのが間抜けや間延びした読み方にならないように注意することです。

紙芝居の保育場面を通して、子どもたちが紙芝居に自分から関わりたくなる人的環境として保育者や友だちのモデルがあり、「おもしろそうだ、見たい」といった物的環境の機会が要求されます。また、一緒に紙芝居を見たくなる友だち環境を配慮することです。紙芝居を読んでいる最中にふらふらしたり、騒いだりするということを「予想」していれば、座り方を工夫します。騒ぐ子やちょっかいを出す子どもどうしを座らせるのではなく、静かに聴きたくなる座り方を配慮することも大事です。クラスの子どもの個性を理解したうえで、保育教材としての紙芝居の与え方を園内研修においても共通理解しておきたいものです。

予想することで、クラスの中の目立たない子どもの心情を理解することも大切です。飛び出す子どもや騒ぐ子どもだけを意識するのではなく、しっかりと紙芝居を見ているまじめな目立たない子どもに対しても共感する保育をしたいものです。できている子どもがあたりまえという意識の保育を見直すことで、援助が幅広くなります。紙芝居を読む技術だけを高めるのではなく、一人ひとりの発達を援助する保育場面として紙芝居の立案と実践を大切にしたいものです。

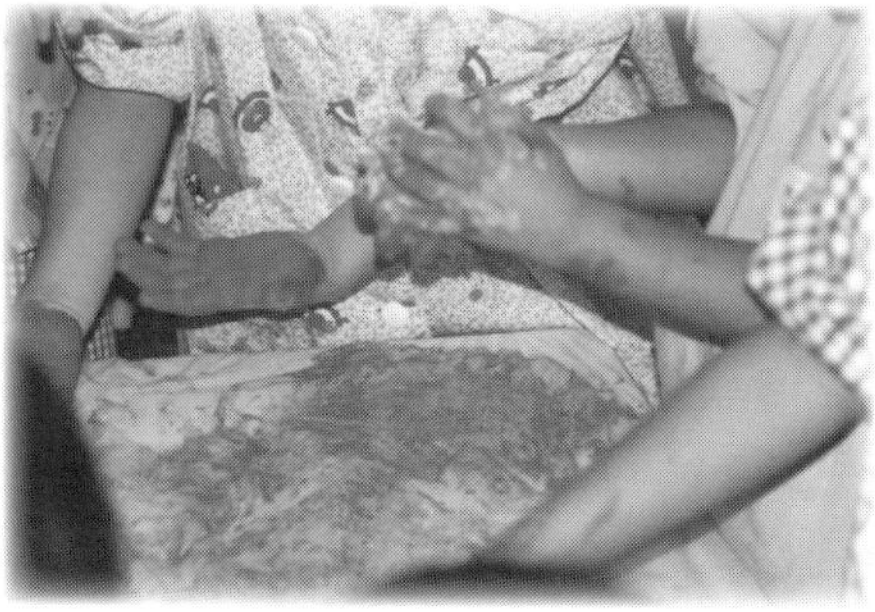

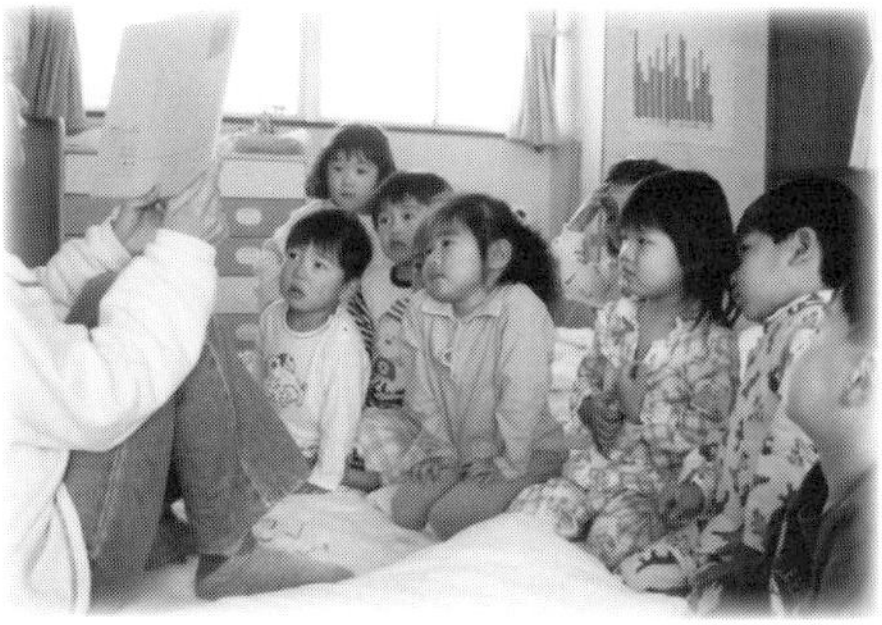

食事場面の立案と実践

食はあらゆることの基本といえます。しかし、食事に関して食べることが少なかったり、遅かったり、嫌いなものがあったり、逆に食べ過ぎたりといったさまざまなタイプの子どもたちがいます。このようなさまざまな子どもたちに対して食育の中での経験から知識や選択する力、健全な食生活を進めることが叫ばれるようになりました。毎日の生活の中での食べることの大切さや、栄養の偏り、不規則な食事のとり方、食物の安全性など、日本人として食に対する文化の見直しが必要です。こういった現状の中で保育における給食、おやつ、弁当に対する考え方や実践について取り上げます。

給食やおやつを乳幼児に与えるとき、ただ栄養のため、マナーを教えるためと思い込んでいる保育を見直すことです。食べたくないときの乳幼児の心を理解し、体調を把握し、一人ひとりの発達にふさわしい対応が要求されるのが食育です。

保育科に入学し、まだ実習を体験していない学生さんに、保育所のおやつの場面を考えさせるだけで多くのことがわかります。学生さんに保育所のおやつを買いに行かせたらどうなるのでしょうか。スーパーで自分の経済力に合わせてお菓子を買うとしてみてください。おそらく子どもたちが好きそうなお菓子や飲み物を買うでしょう。そのとき、アレルギー体質の子どもの立場を理解していますか。また、宗教的に食べてはいけないものに留意しているでしょうか。当然発達にふさわしい量を配慮しなければなりません。このようなことを考えると、そのお菓子が何でできているか、どのような場所で作られているか、どのような国からきたかといったことまでも重大な関心ごとになってきます。

そのようにして買ってきたものを食べるとき、手を洗い、机の上を消毒し、お菓子をおいしく食べるような環境をつくることが保育です。ただ、給食やお菓子を食べさせるだけでなく、乳幼児の生命を護り、病気にならないように保険衛生的な保育をすることが養護の基本といえます。乳幼児のときから食べるときに周囲を掃除し清潔にすることが、生活習慣や環境に影響します。好きに食べることをそのままますべて許すという保育をするのではありません。幼稚園や保育所の目標を整理する中で「生きる力」を育てることを工夫し取り入れることで、食事やおやつの場が楽しい雰囲気になるか嫌な雰囲気になるかが左右されます。

給食やおやつをすべて残さないで早く食べさせようといった保育ではなく、保育室がきれいで先生や友だちと一緒に楽しく食べたいという保育ができることが望まれます。

保育目標の参考例として「健康安全で幸せな生活のため基本的習慣・態度を育て、困難に出会っても逃げないで自分で乗りきる健全な心身の基礎を培う」といった地域の特性や子どもの実態を考慮し、園長の教育観を含めて立案ができます。

●ねらい

これらをより具体化した「ねらい」は保育課程や指導計画に文章化されます。週や日の「ねらい」として「食事をすることの意味がわかり、身近な人と一緒に楽しんでさまざまな食べ物と出会い、料理を楽しんで味わう」といった発達の方向性として立案されます。この「ねらい」は全部食べさせなければならないという到達目標でなく、全員が楽しんで食べるということ、また人との関わりも含めて企画されることが大切です。ねらいはひとつだけとは限りません。

〈養護の内容〉「食事を通して生理的欲求が満たされ、快適な生活ができるようにする」ということがあります。このように保育の中で訓練や鍛錬でなく、おなかが空いたという感覚になったとき、十分に満足する食事が与えられる保育を大切にすることを立案します。

〈食と健康〉「身体と食べ物の関係に関心をもつ。おいしく食べる楽しさを味わう。食事の前にはうがいや手洗いをして身体や身のまわりを清潔にしようとする」といった発達の視点で、食べ物と自分の健康を理解することを立案します。

〈食と人間関係〉「友だちや先生と一緒に楽しく食事を味わう。料理している人に関心をもち感謝の気持ちをもつ」という食べるときのルールや作る人への感謝をもって食べ物をいただく保育ができるために立案します。

〈食と文化（環境）〉「おかずが何からできているか関心をもつ。食事に合ったスプーンや箸の使い方を身につけようとする。食事のときに『いただきます』や『ごちそうさま』の挨拶をしようとする」といったように、食べものや人を大切にする態度を身につけることです。ただし、押しつけすぎないことにも注意します。

〈命の育ちと食〉「自分たちで育てたキュウリやサツマイモを料理して楽しむ」といったように、育てることや世話をすることで成長を見つめたり、大切に扱うことを体験させたいものです。そこから「生きている喜びや生きていたいという意欲」を味わうことができるように立案します。

●環境構成

楽しく食べることができるかは「先生、一緒に食べよう」「○○ちゃん一緒に座って」といった人的環境に関わる力があるかどうかによって左右されます。大好きな相手と一緒ならおいしくなります。しかし、嫌いな相手、受け入れてくれない友だちや先生とは一緒に食べてもおいしくありません。食べたくなる雰囲気づくりが食べる前には最も重要になります。

★子どもが子どもをほめる保育場面から

食事の前のことです。給食当番がおかずなどを配膳し終わって、全員の前に並びました。そして「眼を閉じて座ってください」と言うと、子どもたちは眼を閉じピーンと背筋を伸ばして座っています。しかし中にはチラッと眼を開けて周囲を見たり、足をもぞもぞしている子どもが見られました。すると、このような眼を開けていたり、もぞもぞしている子どもを注意するのではなく、当番の子どもたち四、五人が「○○ちゃん、上手だよ。○○くんも上手だよ」と次々と友だちをほめだしました。当番の四、五人が交代で一人ひとりが眼を閉じているのを見つけるとほめる場面となりました。男の子だけとか目立つ子だけといったことではなく、一人ひとりを丁寧に受け入れていったのです。次第に全員がきちんと眼を閉じて静かに座りました。当番のリーダーが「みんな上手だよ。眼を開けてください。手を合わせてください。さん、はい、いただきます」と言うと、クラス全員で「いただきます」と言って食べ始める保育場面となりました。

今までの教育の中では、悪いところばかりを見つけて直そうということにとらわれ、「子どもが子どもをほめる」という場面を見つけることが少なかったのではないでしょうか。確かに問題を見つけて正すことも教育になります。しかし、いつも悪いところばかり指摘され、嫌な思いになっている子どもたちも多かったのではないでしょうか。自分のいいところを先生からでなく友だちから伝えられたらどんなに嬉しいでしょうか。それはきっと一生の宝物となることでしょう。

保育場面で、当番は先生の代わりのように問題を指摘し注意をすることがあります。この保育室のように、子どもたちは友だちからほめられる体験を通して自分は受け入れられている、認められているといった感覚になるのではないでしょうか。食べるときに、眼を閉じていない子ども、手をひざにのせていない子ども、しゃべっている子どもが注意ばかりを受けたら、食べたい雰囲気となるでしょうか。クラスで友だちや先生と一緒に食べたいという意欲を育てるのが保育といえます。このような保育にするには、保育目標に人類や地球を大切にするといったことが必要になります。この目標をより具体化した「ねらい」をもつことです。出されたものすべてをきれいに早く食べさせるといった保育から、楽しい雰囲気の中で人や食べ物などに関わり、生きている喜びを感じられるような保育となります。そして、保育者が子どもたちに対してほめ上手な姿を示すといった人的環境を大切にする教育が必要になります。

「友だちが眼を閉じて椅子に座る姿。保育者や友だちが楽しそうに食事する姿。食事の準備をしている人の姿」といった人的環境の立案ができます。

また物的環境では「食事が楽しくなるような音楽を流して食べたくなる雰囲気をつくる。清潔な机や食器を準備しておく。一人ひとりの食べられる量を準備しておく」といった立案も工夫したいものです。

このような環境にどのように関わるかを「予想」します。すると「部屋の中をふらふらして歩く。隣の子どものおかずをつつく。おかずの皿を落とす。途中で箸とスプーンを落として洗いに行く。『お肉が食べられない』と言う。黙っておかずを見ている。『先生、お代わりある?』と聞く」といったように子どもの目や耳、手、足となって立案することができます。ここでは援助事項の内容を立案するのではありません。

このように予想することで、幅広い援助に結びつけることができます。

・おかずをじっと見ている子に「先生もニンジン食べられなかったけど、鼻をつまんで食べたら少しだけ食べられるようになったよ」と説明し示す。

・「○○ちゃんと一緒に食べられてよかったね」と言葉をかける。

・保育者が食べられない子の隣にじっくりと座って温かい雰囲気をつくる。

・「○○くんも前にくらべると牛乳少し飲めるようになってよかったね」とほめる。

・「○○ちゃん、ふらふら席を立って歩いていいときかな?」と問いかける。

このように子どもたちが楽しく食事を食べるこ

とができるように雰囲気をつくり、援助の言葉かけをします。あるときは問いかけて、間をとります。できたときには共感して楽しい雰囲気を食事のときに感じさせることが重要になります。すると、「食べることができてよかった」から「もっと食べたい」という意欲につながり、さらには、食べ物を大切にする態度や友だちと関わる態度が養われるようになります。一日の保育の中でおなかが空くような保育実践が必要になることは言うまでもありません。

楽しく食べさせればいいというだけで好き放題という食事の与え方は見直したいものです。また逆に厳しすぎて食べたくなくなる雰囲気にならないように考慮しなければなりません。

手遊びの立案と実践

保育場面の中で「手遊び」を保育者が子どもたちにしていることが多く見られます。ひとりの子どもとじっくりと手遊びをしているときや、クラスのみんなに対して手遊びをして楽しませている場面などさまざまです。子どもたちを静かにさせるために用いたり、集中させるためであったり、次の保育場面へのつなぎであったり、導入に用いたりとさまざまな利用の仕方があります。このように幅広く手遊びが保育の中で利用されているものの、保育課程と指導計画に結びついていないと、一人ひとりの発達のための保育を大切にしているとは言えません。ただ手遊びをさせて注意をひきつければよい、時間つなぎのために手遊びをたくさん知っていればよいという保育観になってしまいます。手遊びをしている子どもたちから「先生、こんなにできるようになったよ」「先生のまねできたよ。見て」「お友だちと一緒にできてうれしいな」「ぼく、がまんして手遊びしているよ」といったさまざまな発達をしているサインが出ています。こういった子どもからのサインを受けとめないで、手遊びの技術ばかりを与え、保育者の自己満足的な保育に陥りやすいのが、手遊びの保育場面といえます。

子どもたちは、朝、保育所や幼稚園に登園してから帰るまでの間にさまざまな発達をしています。毎日子どもたちは発達していることを肝に銘じていれば、一日一日を大切に保育しなければならないと感じます。保育者と一緒に楽しむ手遊びから、子どもは自発的、意欲的に環境に関わろうとし、より活動的になります。乳幼児は、手遊びの中で保育者に関わり、友だちとまねしたり、声を聞いたり、手を動かして工夫することで乳幼児期にふさわしい体験が得られます。そのために保育所や幼稚園は、何を大切に教育しているかを保育課程の中で明確にしなければなりません。その明確にした目標をより具体化したのが「ねらい」となり、ねらいに沿った援助をし、ねらいを達成していくのが乳幼児期の教育になります。

手遊びの中には総合的な保育があるのです。手遊びを一方的に教えられて身につけていくのではなく、さまざまな視点を保育者が把握し援助をすることですばらしい保育場面が展開されます。手遊びの技術だけを高めるのが保育者の務めではないということを把握し、今一度保育目標を見直して手遊びを実践したいものです。しかし、目標がスローガンだけで説明がないと、クラス担任が勝手に解釈をして技術を与えればいいといった保育観に陥りやすいことになります。

●保育目標

保育目標の言葉と環境を大切に立案している例として、「生活の中で言葉への興味や関心を育て、喜んで話したり聞いたりする態度や豊かな言葉を養う」、また「自然や社会の事象について興味や関心を育て、それらに対する豊かな心情や思考力の基礎を培う」といった全員が理解しやすい目標ができます。

●ねらい

この目標をより具体化した四歳児のねらいの例として「絵本、童話、視聴覚教材、手遊びなどを見たり、聞いたりしてイメージを広げる」、また「身近な環境に興味をもち、自分から関わり、身のまわりの事物や数、量、形などに関心をもつ」。さらに「感じたことや思ったこと、想像したことなどをさまざまな方法で表現する」といったことが立案できます。このような立案は園長や主任が中心となった園の長期の計画となります。この保育課程（幼稚園では教育課程）を元にして全職員が指導計画を作成します。指導計画はクラスを受け持っている担任が年間指導計画として立案します。この年間指導計画は当然保育課程が元になっているはずですが、それを元にしないで自分勝手な年間指導計画を立案すると園全体の保育がバラバラになってしまいます。先にあげた四歳児のねらいがそのまま年間指導計画に記載される場合もあります。また「自分が感じたこと、想像したことなどをさまざまな方法で自分なりに自由に表現しようとする」といった、個人差を把握し、それぞれの表現力を大切にした手遊びの指導計画を立案します。

この年間指導計画を元に月案のねらいを立案します。先にあげた内容がそのまま使用される場合もあります。また「先生や友だちの手遊びする姿を見て想像し、さまざまな方法で自分なりに表現しようとする」といった立案にもなります。

この月案を元に週案や日案のねらいを作成します。先にあげた例がそのまま使用される場合もあります。また「先生の手遊び『花火』を見て、感じたことや想像したことを楽しむ」といった立案もできます。このように幼児期の教育は、発達の特性をふまえ、目的、目標が達成できるよう教育の内容に基づいた教育環境として手遊びがあることを理解していなければなりません。ただ、手遊びをさせれば発達するということではありません。子どもが手遊びに自分から関わって主体性を十分に発揮することが発達を促すことにつながります。

このような体験ができるように、ねらいに沿った援助事項を内容として整理します。この内容は子どもの自発的、主体的な活動に対して、子どもの発達の側面から保育者が援助する事項となります。

●援助事項としての内容――手遊び「花火」の例

〈健康〉　手先や身体を十分使って花火の手遊びをする。

〈人間関係〉　花火の手遊びをするとき、友だちに迷惑をかけないように行動する。

〈環境〉 上下・左右に関心をもつ。数を理解する。
〈言葉〉 言葉のおもしろさに興味をもち、花火を想像して楽しむ。
〈表現〉 さまざまな音、動きなどをまわりのものの中で気づいたり、見つけたりして楽しむ。
以上のような援助事項が立案されます。

●環境構成

このようなねらいや内容にふさわしい環境構成として「保育者が花火の手遊びを楽しそうにする姿。友だちが花火の手遊びをする姿」といった人的環境が立案されます。さらに物的環境では「手遊びを楽しめるように椅子を半円に並べて置く」といった環境も立案されます。

●予想・援助

この環境構成に対して、どのように関わるかを「予想」することで発達の中の個人差を理解し実践に結びつけます。予想される活動として「先生の手遊びしている姿に合わせて手だけ動かす」「先生の言葉につられて歌う」「『先生、わからない』と言う」「そばでじっと見ている」「『おもしろい、おもしろい』とげらげら笑う」「隣の子どもに『花火、花火』と言ってたたく」など、環境に関わることがあげられます。上手にできることばかりを立案したり、体験させたい内容を記入すると援助の方法が狭くなります。

援助の例を次にあげます。

- 「○○ちゃん、先生のをよく見てたから動きがわかったね」とほめる。
- 「一、二、三、四、……と数えることができてすごいね」と共感する。
- 「数えるのがわからなくなったら、まねしていいよ」と助言する。
- 「お友だちをたたくと、手遊びができないからやめようね」と注意する。
- 「打ち上げ花火みたいだね」と共感する。

このように手遊びを上手にさせるだけでなく、さまざまなかたちで発達していることも肝に銘じて保育したいものです。手遊びの中で、できた喜びや、言葉や音に関われた充実感があることを見つけて、子どもたちに「楽しい」「おもしろい」「不思議」といったことに気づかせることが「生きる力」を育てることに結びついていきます。保育者として手遊びを多くできるようにすることも大切ですが、手遊びという場面で一人ひとりの発達を大切にすることも重要になります。

手遊びの場面で喜んでいる子どもだけを愛していませんか。できない子どもや周囲に迷惑をかけている子どもだけを注意していませんか。静かに目立たない子どもへの働きかけにも留意したいものです。そばで見ているだけで楽しい子ども、聴いているだけで楽しい子ども、友だちの匂いを嗅ぐだけで嬉しい子どももいます。手遊び場面のこのような子どもたちの活動を予想・立案し、援助できるような保育によって、子どもたちはクラスで愛されていると感じるのではないでしょうか。クラス全員の子どもたちが保育者の準備された環境にどのように関わるか予想できれば、幅広い援助ができるようになります。

一年間が終了し「あなたはクラス全員の子どもを愛してあげましたか」と問われ、「必ずしも全員を愛することはできなかった」と一人ひとりの子どもの顔を思い浮かべるときに、全員を愛せなかった自分を見つめ直し、反省したいものです。働きかけが偏らないようにするのはむずかしいことです。プロの保育者として一人ひとりの発達を捉える努力をしたいものです。一年間の保育を自己点検・自己評価するとき、一人ひとりの発達を愛することができたかどうか、具体的な場面を思い出すことによって的確な評価ができ、子どもたちは認められると思います。

運動会の立案と実践

●ねらい

　年間指導計画から月の指導計画を考えることは、保育者主導の一斉に子どもたちを上手に動かすことに捉われた実践の見直しにつながります。今までの保育では、行事があれば親に見せるためにその努力をしていました。発達の方向性としての「ねらい」を考えると、劣等感を与えない保育をめざすことになります。楽しむための運動会を考慮すると「さまざまな遊具や用具を使い、集団遊びや運動を楽しむ」といった年間指導計画のねらいを作成することができます。そのまま年間指導計画の言葉を運動会のある月に当てはめることもできます。当然、地域によっては季節による暑さや寒さを配慮しなければなりません。また「戸外で十分身体を動かしてさまざまな活動やルールのある遊びを楽しむ」といった上手に運動させるという意味の保育とは異なります。

　さらに運動会のある週のねらいとして「さまざまな遊具や用具を使い、集団遊びや運動を楽しんだり、運動会の中で自己主張したり、他人の立場を考えて人と関われた満足感を味わう」といったことがあげられます。当然運動会当日のねらいのひとつにもなります。このねらいは、人前で自分を表現できた満足感を味わうことです。走れた喜びや玉入れできた充実感を味わい、人前でもっと走りたい、踊りたいという意欲に気づかせる保育になります。さらには、運動会を通して忍耐力、堂々たる態度、協力する態度、心情・意欲・態度を養うための「ねらい」とすることです。このようなねらいにふさわしい環境構成として子どもの手や足になる運動会ができます。

　この教育のねらいは、担任しているクラスの子ども全員が、運動会で逆上がりができるところを見せようとがんばることではありません。できる子どもにとっては自信となりますが、できない子どもにとっては劣等感にもなります。運動会という大勢の人の前で、一斉に同じように表現・行動をさせるとき「みんなちがって、みんないい」という考えで、発達の個人差を大切にすることです。

保育課程（教育課程）から年間指導計画を元にして運動会の月のねらい、さらには、週や日のねらいを立案します。ねらいは子どものできること、できないことといった発想ではなく、次の機会、次の月にできるようになればいいという考えで発達の方向性を大切にします。しかし、自分の園の目標を時々思い出して参考にしてください。一年間の行事の中でねらいをもつことで、子どもたちはさまざまなことに関わり、楽しみ、味わい、広める体験ができる運動会は貴重な機会です。

「養護のねらい」として、人前で安心して自分自身を表現できるように情緒の安定を図ることが大切です。「保健的で安全である快適な運動会ができるような環境をつくる」といったおおまかな立案をします。

養護の内容として「一人ひとりの子どもの健康状態を把握し、運動会の練習や当日に異常のある場合は適切に対応する。また、子ども自身が異常に気づいたら先生に言うことができるようにする。一人ひとりの子どもの走りたい、走りたくないといった気持ちや考えを受容し、保育者との信頼関係の中で練習や当日を過ごすことができるように情緒の安定した生活ができるようにする。過労にならないように休息させたり、水分を十分に与える。用具の点検をして安全に活動できるようにする」があり、これらを文章化します。

この養護に関する記入をするときに大切なことは、運動会は子どもに対して訓練や鍛錬をさせる時・場というだけでなく、運動会の練習や当日にも保育者が子どもに対して「保護や世話」をすることを忘れてはいけません。養護の十分ゆきとどいた、くつろいだ雰囲気の中で子どものさまざまな欲求を適切に満たし、生命の保持および情緒の安定を図ることを念頭におくことも重要になります。特に低年齢の子どもにとっては大勢の人がいることで不安になり、情緒が不安定になる場合があります。

●援助事項としての内容

発達の視点から援助事項の「内容」を捉えるときに指導したいこと、体験させたいことをまとめます。

〈健康〉　さまざまな運動器具を使い、友だちと一緒に工夫して運動する。積極的に外でさまざまな運動をする。

〈人間関係〉　目標に向かって友だちと協力してやり遂げる。共同の道具を大切にする。

〈環境〉　運動会に必要な用具、器具などに興味・関心をもち安全に扱う。運動会の練習を通して自分の位置を理解する。運動会という行事にすすんで参加する。

〈言葉〉　運動会の練習や当日、みんなで運動会の種目のことや、練習のときに質問できたことや、むずかしいことを話すことを楽しむ。

〈表現〉　みんなと一緒に踊ったり、楽器を弾いたりして音色やリズムを楽しむ。運動会で表現することを人前で見せ合ったりして楽しむ。

このような保育者として指導したいこと、体験させたいことを援助事項として記入します。しかし、この内容は子どもの能力、年齢、人数などによってすべてを一緒にしたり、同じように体験させるといったことではありません。これらの例は、年長児に対する記入として参考にしてください。年齢が低くなれば当然異なります。

配慮事項としては個人差を考慮して運動会の練習や当日に安定して活動できるようにします。幼児期は運動に関してかなり体力差があります。練習や当日にそれぞれの子どもが楽しめるようにプログラムを工夫したいものです。

健康では、特定の運動や無理な技術の習得にならないように配慮します。

人間関係では、保護者や他の大人、友だちをはじめさまざまな人と関わる楽しさや大切さを運動会を通して味わえるように配慮します。

環境では、運動会を通して数・量・形・位置・色・時間などについての感覚が無理なく培われるように配慮します。

言葉では、言葉を使って自分の考えを伝え合う喜びが味わえるように配慮します。

表現では、子どもどうしがお互いに相手の立場を認め合いながら努力しあって会話することの喜びを感じることができるように配慮します。表現しようとする気持ちを大切にし、技術の習得に偏らないようにすることです。

このように運動会では、練習や技術の習得に偏らないで一人ひとりの発達を大切にする保育の立案をします。養護の面では命を護り、病気やけがをしないよう心がけます。また、周囲の知らない人たちや環境の違いに対して不安を示す子どもがいます。このような子どもたちに対しては、情緒を安定させ、トイレを促す、暑い日にはのどの渇きを癒すなどの配慮が必要です。一人ひとりの発達にふさわしい指導計画の立案をすることで、当日どのように動いたらいいかの目安となります。しっかりした指導計画を作成することで、子どもや保護者にとって一人ひとりを大切にした心に残る運動会になります。

●環境構成

「ねらい」と「内容」にふさわしい環境の構成を物的・人的に分けて立案することで、子どもたちの幅広い発達を保障することに結びつきます。ねらいを捉えていなかった以前の指導計画には物的環境だけが大切にされていました。人的環境の重要さはなく、教材研究にとらわれたり、援助のあり方を一生懸命研究していた時代もありました。運動会のときにはおじいさんやおばあさん、小学生のお兄さんやお姉さんといったさまざまな人との出会いがあります。いつもと違った人たちの中で刺激を受け、人を観察したり、種目の中で感動したり、模倣したい動きをすることがあります。このような発達のための環境を工夫することが大切になります。乳児であれば乳児になったつもりで、三歳児であれば三歳児の手になり、五歳児であれば五歳児の足になったつもりで運動会を考えたいものです。ただ運動会のときに使用する綱、跳び箱、マット、旗、ボール、玉入れなどを準備すればいいというのではありません。物的環境として子どもたちが「運動会」をしたくなるようなプログラムを工夫し、運動会の練習をしたくなるように一人ひとりの能力にあった用具を準備することです。また、人的環境を大いに利用できるのも運動会の練習や運動会ならではといえます。異年齢の子どもたちが走り、踊り、組体操をしている姿、集団で協力している姿を見ることで、自分たちも走りたい、踊りたい、組体操をしたいといった意欲がわくのでしょう。また多くの人たちが応援する姿を見ることによって、自分たちも応援の方法が理解できるようになります。

環境構成の記入例を次にあげます。

・運動会で使用する用具を自分たちで取り出しやすいように準備しておく。
・運動会に必要なものを常備しておく。
・カセットデッキ・テープ・バトン・ラインカー・ボール・跳び箱などを用意しておく。
・保育者が音楽に合わせて楽しそうに踊る姿、異年齢の子どもの応援する姿を見せる。
・子どもたちの作った旗を周囲に飾っておく。
・砂ぼこりが立たないようにグラウンドに水をまいておく。
・けがをしないように会場を安全に整えておく。
・ラインは子どもがわかるように、練習のときも本番と同じ大きさに引いておく。
・休む場所が日陰になるようにテントを準備しておく。

以上のように大人の立場で環境を構成するのでは

なく乳幼児の立場になって物的・人的雰囲気を構成することです。それが子どもが自発的に環境に関わり、困難に出会っても自分で切り開いていく力につながります。基本は子ども自身が運動会を楽しむことができるための環境構成を立案することです。

●予想・援助

「ねらい」と「内容」にふさわしい環境構成に子どもがどのように関わるかを子どもの立場になって立案します。

綱引きのとき準備されている綱を持ったとたんに引く。自分の陣地がわからず相手の陣地に向いて引っ張る。ラインを気にしてラインの上をゆっくりと走る。友だちの走っている後から追い越さないで走る。周囲の人々に手を振りながらニコニコと笑って走る。ゴールテープを見て止まる。ゴールテープの下を潜り抜ける。バトンを渡さないで投げる。転んで泣く。友だちが踊っている姿を立ったまま見ている。体操をしているときしゃがんで砂をさわっている。砂を隣の子どもに投げてかける。手を頭の上まであげて行進する。前の子どもをつつきながら行進する。足で砂を蹴って行進する。「暑い」と言ってしゃがむ。始まる直前に「オシッコ」と言う。

このように運動会の練習や本番当日を予想し、どのような関わりをするかを子どもの立場になって立案することです。子どもの立場になっていないと中にはおもらしをしてしまい、参加することが遅れて嫌な思い出を残す子どももいます。

予想される活動は指導したい内容を立案するのではありません。「友だちと仲良く、元気に行進する」「最後までがんばってリレーをする」「全員がそろうまで竹馬・逆上がりをさせる」といったことを記入するのではないのです。

この予想ができないと、悔いの残る保育になることがあります。全員がどのようにがんばってもできないのに、「がんばれば誰でもできる。がんばれ」と言い、ひとりの落ちこぼれもつくらないといった保育をしていると、劣等感を感じる子どもたちも出てきます。

保育所や幼稚園時代を思い出して、「運動会の練習で跳び箱が跳べなかったため、跳べるまで残されて練習させられました。でも、いくら練習してもついに当日も跳ぶことができなくて跳び箱が大嫌いになり劣等感が残ってしまいました」という保育科の学生さんの話が印象的でした。

他の学生さんの話です。

「先生、見てください。この人差し指の傷、これは年長のとき、先生のたった一言が足りなかったんですよ。

私が幼稚園のとき先生から『運動会の練習をします。みんなでうしろから平均台を持ってきて』と言われて、年長組全員がうしろに置いてある平均台を一斉に取りに行ったんです。二つしかない平均台を三十名が一斉に取りに『わあー』っと駆け寄り一度に持とうとしたんです。『ギャアー!』。私の人差し指が平均台にはさまれてつぶれてしまったんです。これはそのとき五針縫った痕です。『みんな』という一言がなかったら、今この指はきれいだったと思います。予想できていればこのような言葉かけはしませんよね」。

この話には大変驚きました。このように悔やまれるような保育にしないために、子どもたちがどのような活動をするかを「予想」することが重要です。すべてを「予想」することは困難ですが、運動会というふだんの保育と異なった環境にどのように関わるかを、毎日の子どもの活動をしっかりと捉えることである程度「予想」します。クラス全員の子どもたちが道具や用具にどのように関わるかを予想したいものです。

このように子どもたちの活動の予想がある程度できれば、援助や配慮の立案が幅広くなります。しかし、可能だからといって担任の思いつきや勝手な方法を立案するのではありません。園全体が統一した教育が実践されるためにも保育課程（教育課程）を元にしたいものです。

配慮として次のことがあげられます。

・クラス全体で運動会の目的を話し合ったり、年長児として自分たちのできる役割を話し合って役割分担ができるように保育者どうしで理解し、進行できるように配慮する。

・プラカードの係、アナウンスの係、並ばせる係などを設定し、具体的にどのようなとき動くかを説明したり、示したりする。理解できない子どもには実際に使う品物を示したりする。

・砂にさわって踊らない子どもには「今、何しているときかな」といった問いかけや、やめたら「そうだね」と認め、さらに「○○ちゃんみたいに手を伸ばしているとかっこいいね」と説明する。

・転んだとき「痛かったね。でも泣かないで強いね」と慰めたりする。

・負けたとき「残念だね、負けて悔しいね。でも、次は勝てるように考えてみようか」と慰めたり、励ます。

このように運動会のねらいにふさわしい「楽しむ・味わう・広める・深める・しようとする」といった心情・意欲・態度にふさわしい場をみつけ、具体的に働きかけることを工夫して立案します。しかし、ねらいをもっていないと、跳び箱のときでも「がんばってやれば、誰でもできる」と一斉に無理強いさせ、劣等感を与えてしまう保育になりやすいということを肝に銘じていなければなりません。五歳児全員が跳び箱を跳べるようにすることも大切な体験ですが、いくら練習しても跳べないときもあり、そのときの子どもの心を理解したいものです。全員が一斉にというやり方でなく、一人ひとりの能力にあった働きかけが要求されるのが「ねらい」を把握した保育になります。「ねらい」をもって保育していると、子どもから「できない。つまらない」といったサインが出たときに子どもの立場になることができます。そして環境の再構成がひらめくことになり、跳び箱の高さを調整し、安心して跳びたくなる環境を再構成できるのです。

また、うまくできないときに保育者がともに泣いてあげたり、悔しがったりすることで保育者に愛されているといった感覚に結びつきます。このように受け入れられ、認められ、愛されることから「もう一度やりたい。跳びたい」といった意欲に結びつく場合もあります。

運動会という大きな体験の中で、子どもたちは友だちや保育者やさまざまな道具や雰囲気に関わり、生きている喜びや生きていたいという心を大きく成長させることができるのです。

援助について

援助とは、「子どもたちが生きていく中で困難に出会っても、他人に頼らず、その場から逃げないで乗り切り、よりよく生活できる生き方をしてほしい」と保育者が願ってする行為です。この援助には直接と間接に働きかける方法があります。直接には、子どもの行為を受け入れる、問いかける、指示・助言する、共感する、ともに動くといった言葉や態度があります。また、子どもに直接的でないものの、保護者や環境を通して働きかけるという援助もあります。こういった援助は保育の中では最も重要な行為となります。乳幼児期の子どもが知的発達している箇所を見つける眼をもっていることと同時に、保育では子どもにわかる言葉で具体的に伝える能力が要求されます。さらに、その発達している箇所を保護者に伝えることが、乳幼児期の教育の中で「生きる力」を育てるには重要なことです。

人は環境を通して発達をします。そのため、発達には物的・人的環境、その場の雰囲気が影響します。「指導計画」では、環境構成という欄の記入にこの部分があります。これは、「ねらい」「内容」にふさわしい環境構成が必要であるということです。援助のひとつとして人的環境がありますが、それを援助の欄に入れると物的環境だけが浮かび上がり、環境を通して人は発達することが忘れられ、教材や物的環境に偏り、人からの刺激がなくなってしまいます。

このような狭い保育では評価が偏り、できる子どもにとっては楽しくても、できない子どもには劣等感を感じさせる計画や実践となります。したがってこのような狭い保育ではなく、五年、十年先の発達の方向性を考え、「生きる力」を育む立案をすることです。個人差や相互作用を理解し、人的環境を実践の中に取り入れ、幅広い「予想される活動」に結びつくように立案したいものです。

また、援助をするには「予想される活動」を幅広く理解した「ねらい」「内容」にふさわしい働きかけが必要です。環境に子どもがどのように関わるかを予想することにより援助が広がります。予想をしなければ偏った援助となり、子どもに劣等感を与え、悔いることになります。保育者として保育環境を注意深くチェックし、クラス全員の子どもたちがどのように関わるかを予想することにより、発達（個人差や相互作用）を大切にした援助になります。一度、子どもの目、耳、手、足になろうという気持ちで子どもの行動を受け入れ、見守り、問いかけ、助言し、共感することを見直したいものです。

●受け入れ

子どもが（障害児を含めて）意欲をもって生きていく力を育てるには、周囲の大人や友だちから受け入れられている、また認められていることが重要です。そこから情緒が安定し、安心できる環境ができ、自分から行動する力に結びつくことになります。

「先生できた。見て」「先生食べた。見て」「先生、片づけたよ。見て」といったサインが子どもから出たときに丁寧に受けとめる保育が、子どもにとって次の意欲になります。しかし、「先生、見て」といったサインがあるのを見落とし、受けとめることができないと、自分は認められていない、受け入れられていないといった気持ちになり、保育者との信頼感をなくし、保育者の前でサインを出さなくなります。保育の中で、人間関係に過敏な子どもには、受け入れるアンテナを張っていないと子どもから見抜かれてしまい、近寄ってこない場合もあります。

「受け入れる」という保育姿勢に子どもへの愛情がうかがえます。保育者から「○○の絵を描いて」「発表会の絵を描いて」「きのうの楽しかったことを話して」と言われ、子どもができない場合でも「受け入れる」保育をすることが、発達を大切にするうえで必要です。例えば、黙っている子どもに対して「こう描くといいよ」「言えるから話してごらん」といった保育をするのではなく「今、考えているんだね」といったように、子どもの心情を受けとめ共感して、保育者として愛情を示すことが大切です。

●問いかけ

保育者の「問いかけ」によっては、子どもの考える力は発達します。問いかけ方により、子どもは自発的、主体的な行動ができるようになるので工夫をしなければなりません。子どもの活動がとまり、意欲が少なくなったとき、また、うまくやれないで困っていると感じたときに、保育者からの言葉かけの効果がみられます。問いかけの言葉によっては依頼心をもち、意欲をなくす場合があります。

問いかけとして、子どもが理解できない、あるいはイメージが湧かない言葉は使わないように注意しなければなりません。例えば「好きな絵を描いてみようか」といった具体的に何を描いていいかわからない言葉でなく、「好きな果物ひとつでいいから描いてみようか」といった具体的にイメージが湧くような言葉が必要です。問いかけにより「自分から○○する」という意欲のある行動に結びつくのです。

ねらいにある発達の方向性として「楽しむ・味わう・広める・深める・しようとする」といった心情や意欲、態度に結びつく問いかけを自分で見つけたいものです。問いかけのうまい保育者は間をとります。思うようにできないのがあたりまえで、一緒に悔しがります。そこで具体的に助言をして間をとります。子どもが自発的な行動がとれるためです。そしてできたときに一緒に喜んだり、楽しんだりして共感します。このような保育者は乳幼児期の子どもにとってずっと心に残り、人生で苦しいときに思い出す初恋の人のような存在になります。

●指示・助言

子どもの行動の中で、ルールが守れず、人や物を大切にできないことがあります。決められたことが守れないのをそのまま許すといった放任保育を許す園の目標はないはずです。「自由のあとには責任がある」ということを理解させる保育援助として、指示・助言は必要です。また、障害児だから許すといった保育でなく、園全体でどのような子どもを育てたいかという目標を設定し、共通に把握していなければ保育になりません。園庭や保育室で健常児も障害児もおもちゃを自由に使って遊んだあと、そのままにして許されることではないはずです。楽しく遊んだあと、道具を元の場所に戻すことを身につけさせることです。次に使う人のためや、出しっぱなしはけがや不衛生につながり、病気になるかもしれないということを、わかる言葉で指示・助言することです。大人の勝手な都合で指示するのではありません。

ここで重要なことは子どもが片づけたくなる言葉かけです。また、片づけたくなる環境であり、ふさわしい言葉を選ぶ工夫が要求されます。将来は人に言われないでも片づけ、「自分で○○する」という主体的な生き方（発達）ができるために、指示・助言は大切です。

●保護者との連携

援助場面において、保育者の聴き上手な態度も重要です。子どもは聴いてくれる人がいるから話したくなり、相手と関わりたくなるという気持ちになります。このように聴いてくれたり、読んでくれたり、見ていてくれたりしたときに、自分は保育者から大事にされているという感覚になります。話してもこの保育者なら大丈夫という気持ちになって話は弾むのです。しかし、聴く態度が悪いと子どもは話そうとしません。保育者や友だちと話したくないという気持ちでいると、そのクラスの中では自発的な行動はできないでしょう。聴く態度が大きく影響を与えていることを理解して保育することです。言葉の遅れている障害児や、人間関係に敏感で情緒に問題のある子どもには「あなたのために時間を割いてじっくり聴いていますよ」といった配慮が必要です。

また、子どもに対して直接的に働きかけはしない

郵便はがき

料金受取人払

京都北局承認

8003

差出有効期間
平成24年1月
31日まで

切手は不要です。このままポストへお入れ下さい。

603-8789

028

京都市北区紫野十二坊町十二—八

北大路書房

編集部 行

(今後出版してほしい本などのご意見がありましたら，ご記入下さい。)

《愛読者カード》

書　名

購入日　　年　　月　　日

おところ（〒　　－　　）

（tel　　－　　－　　）

お名前（フリガナ）

男・女　　歳

あなたのご職業は？　○印をおつけ下さい

(ア)会社員　(イ)公務員　(ウ)教員　(エ)主婦　(オ)学生　(カ)研究者　(キ)その他

お買い上げ書店名　都道府県名(　　　　)

書店

本書をお知りになったのは？　○印をおつけ下さい

(ア)新聞・雑誌名(　　　　)　(イ)書店　(ウ)人から聞いて
(エ)献本されて　(オ)図書目録　(カ)DM　(キ)当社HP　(ク)インターネット
(ケ)これから出る本　(コ)書店から紹介　(サ)他の本を読んで　(シ)その他

本書をご購入いただいた理由は？　○印をおつけ下さい

(ア)教材　(イ)研究用　(ウ)テーマに関心　(エ)著者に関心
(オ)タイトルが良かった　(カ)装丁が良かった　(キ)書評を見て
(ク)広告を見て　(ケ)その他

本書についてのご意見（表面もご利用下さい）

このカードは今後の出版の参考にさせていただきます。ご記入いただいたご意見は無記名で新聞・ホームページ上で掲載させていただく場合がございます。

お送りいただいた方には当社の出版案内をお送りいたします。

※ご記入いただいた個人情報は、当社が取り扱う商品のご案内、サービス等のご案内および社内資料の作成にのみ利用させていただきます。

ものの、保護者への言葉かけにより間接的に援助している場合があります。ほめ上手な保護者になってほしいということを手紙や電話で伝えたり、園の保育目標と方針を知ってもらい、気づいてほしいことを連携することにより間接的な援助となります。

しかし、子どもの欠点ばかりを注意しすぎると、子どもは聞く耳をもたなかったり、依頼心の強い子どもになります。障害児の直したい箇所は個性として受け入れ、次には卒業させるといった気持ちでふれ合うことも親子の情緒の安定には必要と言えます。「恥ずかしがり屋さんで挨拶できないと決めつけず、『大きな声ではないけど言えてよかったね。照れ屋さんだけどあなたのそんなところもすてきだね』といったふれ合いを保育ではしていますので認めてあげてください」といった家庭との連携を通して間接的に働きかけることも大切です。

乳幼児期の子どもの発達を保護者に伝えるときに五領域で保育者が子どもの発達を捉えると偏りが少なくなります。五領域の「健康・環境・人間関係・言葉・表現」で観察することで偏りが少なくなります。そうすれば悪い部分はすぐに把握できます。しかし、乳幼児のよい部分はじっとよく観察をしないと捉えることができません。また、子どもを「受け入れ」ないと偏ることにもなります。一日が終わったとき、一週間、一か月が終わったときに最初のころの出会いを記録していることで発達している箇所は明確になってきます。子どもに発達を気づかせることと同時に一人ひとりの発達の違いを伝えるためにも五領域の視点で保護者に伝えることで、「ここまでしっかりわが子を見てくれる先生に出会えた」と喜んでもらえ、信頼関係が確立するのです。

●ほめ方

子どもの心を大切にしたほめ方をしていますか。子どもが「〇〇できた」という喜び、そして「もっと〇〇したい」という意欲、さらにはがまんする態度や工夫して考える態度を養うようなほめ方をしていますか。そのときだけのふれ合いでなく十年、二十年先の生き方に結びつくようなほめ方ができることが重要です。子どもは周囲の大人や友だちからほめられることにより自信をもち、もっと生きていたいといった心になります。しかし、叱られたり、受け入れられなかったりすれば、劣等感をもってしまうこともあります。ほめられたことにより絵を描くことが一生好きになったり、歌うことに自信をもって何ごとにも積極的に行動できるようになったりします。「字が上手になったね」といった保育者からのひと言で習字が得意になったりすることもあります。しかし、逆に「いつまで食べているの。遅いわね」「鉄棒で前まわりできないの？　誰でもできることよ」「おねしょなんか誰もしないよ」といった言葉をかけられることにより、自分は「食事をすることが遅くても仕方ない」「鉄棒はできなくても当然だ」「おねしょは直さなくてもいいや」といった気持ちにさせていることもあります。子どもへの言葉かけのむずかしさを味わっている保護者も多いのではないでしょうか。

子どもが縄跳びをしている場面から教えられたことを紹介します。幼稚園のような先生や友だちがいる場所で、子どもがひとりで黙々と縄跳びをしている場面を見かけることは少ないものです。先生にそばで見ていてほしいから跳んだり、友だちと競争したり関わりたいから跳んだり、先生に跳んだ回数を数えてほしいから近くで跳んでいるのです。子どもは先生という大人に認められたい、愛されていたいと思ったり、友だちと一緒に跳ぶことにより跳べたという充実感を味わったり、回数を数えてもらうことにより、もっと跳びたい、競争したい、跳んでいたいという意欲をもち、がんばって跳ぼうという気持ちにもつながるのです。友だちの跳び方を見て、前跳び、うしろ跳び、あや跳び、ケンケン跳び、二重跳びに挑戦してみようといった気持ちになるのです。

子どもは大人の言葉や態度を瞬時に見抜く力をもっています。縄跳びをしているところにただ先生がいるだけといった状況ではなかなかやる気をもって跳びません。「先生、見てて」と言って一生懸命に跳び、「先生、いくつだった?」と尋ねたとき、「跳べたね」とただ言うだけだったり、跳べるのはあたりまえといった対応や、しっかり見ようとしない態度をされると、もうこの先生の前では跳ぶ意欲はなくなります。子どもの心を理解してふれ合いたいものです。「数えて」とか「先生、見てて」と言われたとき、じっとよく見て、跳んだ回数を数え、例えば四回跳んだ子どもには「四・九」とか「四・一」とか「四・五」と言います。「四回と○・九までの両足まで跳べたね」「四回と○・一跳べたね」「四回と半分の片足が跳べたね」とそんなふうに小数点まで伝えます。子どもたちは「おや」「あれ」といった顔でニコッとします。そして「四回とここまで跳べたね」と説明すると、「先生、見てて、見てて」となり、次々とそばで跳んでいたい、先生一緒に跳ぼう、数えてという要求がわいてきます。

上手に縄跳びを跳ばせるだけでなく、跳べた喜びからもっと「自分で○○する」という心を大切にするのがほめ上手といえます。子どもの生きていたいという心を大切にするために「あなたをじっくり見て、数えていますよ」といった態度ができれば最高の保育者ですね。

Ⅲ　評価・反省から

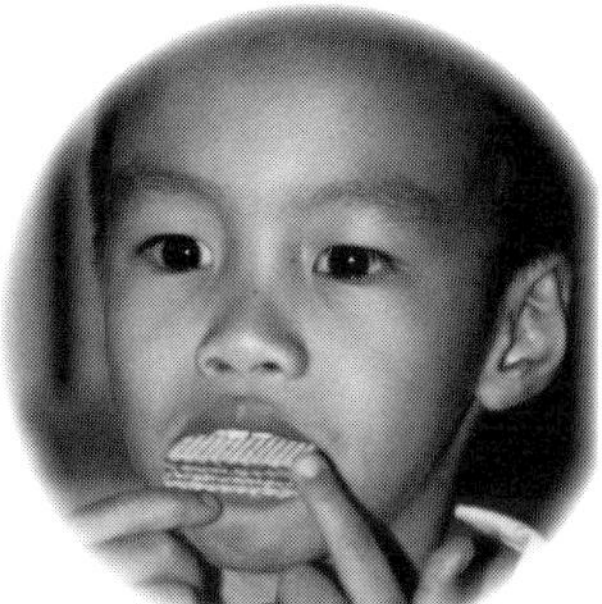

評価・反省とは

忙しい忙しいと走り回っている毎日の中で、自分の実践している保育が何を大切にしているかを客観的に見つめ直すことも必要です。自分自身がどのように乳幼児期の子どもたちと関わっているかをふり返り、見直すことです。私（筆者）は園長として、保育の中で涙が出そうになるほどの感動を覚えたとき、素直に子どもたちにその出来事を伝えているかを考えました。子どもたち自身の発達を気づかせ、さらに保育者も知的発達が与えられていると感動したときに、それを文章化することで保育者自身も自分の成長を感じられるのです。

私は、保育場面で子どもたちとふれ合っているときに感動して涙が出なくなったら、この保育という世界から身を引いたほうがいいと考えています。子どもの世界を見ていても感動できず、涙も出なくなった自分に今以上の発達は望めません。

あるときの出来事です。私は五歳児が楽器の練習をしている保育場面で涙が出ました。その保育場面で自分の保育を自己点検・自己評価しました。五歳児のクラスで初めて一緒に楽器のパートを合わせて練習をしている場面でした。練習しているのはクリスマスの雰囲気が出ている曲でした。保育者は子どもたちが楽器を叩きやすいように指揮をし、子どもたちは一生懸命保育者を見ながら鉄琴でメロディーを奏でたり、さまざまな打楽器でリズムをとっていました。この合奏を聴いているとき、そして聴き終わったときに涙が出そうになるほどの感動を覚えました。なぜかというと「音」を大切にしている子どもたちの姿に感動したからです。それは、曲の休符をとても大切にしているためにきれいな音になり、心に響いたのです。合奏が始まるまで楽器から出る音はまったく聞こえませんでした。子どもたちは保育者から愛されているということを身体で味わっている保育をされていました。一人ひとりが「いつも受け入れてくれる先生が大好き。だから関わりたい」という雰囲気でした。また楽器を大切にして自分勝手な行動をしないという、忍耐する態度も育っているクラスでした。子どもたちはこのような体験をしていますが、言葉ではどのようなことか知りません。そこで、練習が終わったとき「園長先生、今、涙が出そうになったよ。それは楽器を大切に扱って、休みのときに音を出さないで静かにしていたからきれいに聴こえたんだよ。そして、先生の指揮をしっかり見ていたから音を合わせることができたね。お友だちの叩いている音を聴こうとしたからあわせることができたね。だから園長先生は心をひとつにしようとする態度や、きれいな音をつくっている姿から感激して涙がぽろぽろ出てきたよ。今日はすばらしい音を聴かせてくれてありがとうね」と子どもたちに感謝し、大きな拍手を送りました。その日の職員会議では全員に「園長として感激できて嬉しいです。このような保育ができて子どもたちもご両親も喜ぶと思います。この保育はひとりの保育者の力だけではなく、全員の保育力が高まり、まとまった結果だと感謝します」と一日の終わりを告げました。

保育者が子どもたちを保護・世話し、愛し、保育室のものを大切にしているから子どもたちも保育者を愛し、関わりたくなるのだと思います。ここでは子どもたちは保育者をよく見て、友だちの音を聴こうとしたり、友だちに迷惑をかけず、また友だちのまねをして音をつくろうとしている姿が人に感動を与える保育場面となったのです。感動することで保育者が「知的発達」できる場は、自分も子どもとともに発達する「相互作用」の場になります。

このような体験をクリスマス発表会の当日、園長として始まりの挨拶で保護者に伝えました。次は当日の挨拶の全文です。

「おはようございます。今日は涙が出るほど感動する場面がたくさんあると思います。たんぽぽ組の満三歳児にとっては人生の初舞台です。出演する姿を見るだけで涙です。お母さん、お父さん、こんなに大きくなったと感激して泣いてください。

このたび私は子どもたちの楽器の練習を見ていて涙が出ました。そこで子どもたちに『感激して涙が出たよ』と伝えました。『感激』は知的発達の最も高いときの反応とも言われています。少し紹介しますと、合奏の練習のとき、先生の指揮をよく見て、お友だちの音を聞いてそろえている場面がありました。見ていて涙が出ました。なぜかなと考えると、子どもたちが『音』を大切にし、曲の休符を大切にしているため、きれいな音になっていたのです。そこでは、合奏が始まるまで楽器から出る音はまったく聞こえませんでした。子どもたちは先生から愛され、受け入れられているということを味わっているから先生が大好きで、だから先生に関わりたいという雰囲気の中で、楽器を大切にし、自分勝手な行動をせず忍耐している場面にジーンときて涙になりました。そこで子どもたちに『園長先生、今、涙が……』と子どもたちに感謝しました。この年齢になっても涙が出る場面に出会い、感激でき、知的発達の場を子どもたちから与えられていることを感謝します。

どうぞ今日は全員『わあ、かわいい』『わあ、おもしろい』『わあ、七夕にくらべてここがうまくなったね』と感動してください。心に残る思い出の発表会にしていただけることを願っています。そして、どうぞ大きな拍手をお願いします」。

こう言って始まる前に保護者に説明し、発表会の見方と子どもの発達をどのように捉えるか、さらには援助のあり方の協力をお願いしました。園の目標として発達を大切にするために具体的にどのようにしているか、また、保護者への協力を伝える場としても重要になります。園長としての自己点検・自己評価の視点として、この出来事をぜひ参考にしてください。

保育場面の記録から

・「運動会があと一週間と近づいてきているが、そのことだけにとらわれることなく、楽しく遊ぶことに気持ちをおいた」。

このような表記は、教育の中でどのように発達を捉えて具体的に楽しく遊ぶこととはどのような保育か理解できません。日記のような記録になっています。注意をしたいものです。

・「グラウンドでは保育者主体の動きになってしまったが、週を通しては無理なく運動会への期待や楽しみにつなげる関わりになったと思う」。

この文章の中で保育者主体とは、どのような保育か理解できません。記入した人にはわかっていても読んだ人にははっきりと伝わりません。具体的に無理のない保育がどのようであったかを記入することで次に運動会をするときの参考になるはずです。

評価は次の保育の出発点となる書き方も要求されます。

・「夏の遊びの終了から秋の運動遊びへのつなぎもでき、全身で楽しめた週になったと思う」。

この文章は先の保育者の記入です。「つなぎ」という言葉が気になります。自分の記入の癖は他の人にチェックを受けないと把握できない場合があります。素直な心でお互いを受け入れる態度ができれば、保育者として保育の知識や技術、援助についての能力が高まります。

・「おばあちゃんから電話があり、『上のお姉ちゃんが入院したためお兄ちゃんが迎えに行きますが、おじいちゃんのところに行くためにバスに乗るので、乗り遅れないように行ったらすぐ帰らせてください』というのですぐ帰らせるようにした。また、六月に入り長袖を着てくるので半そでを保育所より頂く。その後おばあちゃんより電話があり、また保育所の近くに住むようになりお兄ちゃんが迎えに行くが遅くなるかもしれないという内容で、まったくよくふり回してくれるものだと思った」。

このような記録がありました。保育に欠ける子どもを預けているため養護が必要だということを忘れている記録でした。養護の基本として保護と世話を改めて考えさせられます。

・「運動会の練習の中でお遊戯があり、暑い中で太鼓の練習ををがんばっていて、太鼓も重たいのによくがんばったのでほめてやる」。

子どもを受け入れていますが、自分は「先生」と呼ばれて人より偉い人間なのだ、というような思い上がった態度になっているのではないでしょうか。保育者は子どもから教えられることが多くあります。子どものがんばる姿、工夫する態度、忍耐する力を見つけ、認め、そこで一緒に高められる場を与えるのが保育と言えます。

このような評価・反省の欄の記入からさまざまなことが教えられます。書くスペースが狭く一度にすべてを記入しようとすると感想文や日記になってしまいます。また、自分自身の子どもの理解がそのまま現われ、自分勝手な保育観になります。記録することで保護者に対しての援助を含めて、自分の保育のあり方を見直すことも大切なことです。

①評価するときに保育者の勝手な「願い」「思い」といった視点からの保育ができていたかどうかという評価でなく、園全体の統一した保育ができていたかということを評価対象にすることです。園全体が共通の保育方針をもっていたかということ

は保育計画を利用したかどうかということです。クラス担任の勝手な保育になっていなかったかどうかが重要になります。

②「ねらい」をおさえた立案と実践であったかを評価します。発達の方向性を重んじ、単なる到達目標になっていなかったかということを評価します。子どもの心情・意欲・態度を理解した立案と実践ができたかということを評価します。まず、記述の語尾に「楽しむ・味わう・広める・深める・しようとする」という言葉があるかどうかを評価します。このような言葉の使用があれば実践において見守る、受け入れる、共感する、助言する、励ます、慰めるといった働きかけができ、押しつけではない実践に近づけます。このような発達の方向性を大切にした保育を評価する目をもちたいものです。

③「できる・できない」ということを視点に評価するのではありません。このように「できる・できない」という視点で評価をすると、できない子どもにとっては劣等感を与えられたようになる場合があります。できないときもあるという評価をすれば、「将来できるようになるかもしれない」という能力を信じた保育に結びつき、子どもが意欲をもつ保育場面となります。できないときもある子どもを愛する保育とは、できないけれど「友だちや先生のまねをしていた場面を見つける。自分なりに工夫していたことを見つける」ことです。そのようなときに働きかけをどのようにしたかを評価します。

④個人差を評価します。全員が同じように発達するのではなく「みんなちがって、みんないい」という言葉があるように一人ひとりの発達は異なり、保育場面ではさまざまなかたちで現われます。昔の保育のように「望ましい子ども像」に沿って、全員が同じようにできるようにさせる保育ができたかどうかを評価するのではありません。子どもの発達を捉えたとき、個人差や環境への関わり方がどのようであり、そのときに援助をどうしたか

ということを評価します。

⑤評価はすべて一度にはできません。保育計画や指導計画、また環境構成、予想される子どもの活動、さらには援助のあり方がどのようであったかを一度に評価しようとすると、感想文のようになる場合があります。一つひとつの保育の場を具体的に理解しやすいように評価することが大切です。

具体例――縄跳びと関わるときの評価

どのように「ねらい」を捉えて保育をしたかということが評価の際には最も重要です。このときに園の方針として目標に結びついていたかということが大切です。「縄跳びに関わり、友だちと一緒に楽しむ・味わう・広める・深める・しようとする」といった心情・意欲・態度を捉えた評価であること、そして園の方針を共通に理解しているかどうかです。園の方針がスローガンだけでなく、子どもの発達を理解し、把握し、地域の実態や子どもの実情、保護者の要望に沿っている目標になっていること、そのためには文章や説明があるかが大切です。発達の理解が基本です。ただ単に上手に縄跳びを跳ばせることにこだわった視点ではないのです。縄跳びの保育をしたときに、技術的に上手に跳べたかどうかではなく、将来跳びたくなる意欲、自分なりに工夫して跳ぼうという心、そしてさらに、生きていたい、もっと生きたいと、困難を乗り切る力を縄跳びから体験できたかどうかという保育の視点を評価することです。「あなたのために時間をとって、じっくりと見ていますよ」といった援助が子どもたちにできていたかどうかです。以下に具体的な評価の視点を述べます。

・発達の方向性としての視点からは、次に跳びたいという意欲をもたせ、援助した中身を捉えて評価することです。共感やほめ方、そして縄跳びを跳んだ回数の数え方として、四回とあと半分といった状態であったならば、「四・五回」といった言葉をかけ、相手を受け入れる保育となっていたかを評価します。働きかけとして上手・下手だけでなく、「ここを工夫したね」「前に比べるとリズムを変えたね」「持ち方を考えたから長く跳べたね」「疲れたときゆっくりしたね」といった働きかけができたかを評価することです。「上手に跳べたね」だけでなく、さらに子どもが跳ぶことで工夫し発達していることを把握して働きかけ、ねらいをおさえた実践ができたかを評価したいものです。

・縄跳びの置き場所が取りにくければ、「困難に出会っても逃げないで乗リ切る力」をおさえた保育をしたいという「発達を理解した」視点の評価となります。縄跳びの数を少なめに準備していたか、置き方を発達のためにどのように工夫したか、発達の方向性として「ねらい」をどのように解釈した保育方法となっていたか、という視点です。園の目標で発達を大切にしていれば感性の捉え方や自発的な行為に対して評価しなければなりません。総合的な保育ということも把握することが大事です。

・限りある地球で、自分さえよければいいという考えではなく、物を大切にし、人を大事にすることが生き方の基本となります。苦しいとき、嫌なとき、辛いときに乗り切る力をもつことです。それも自分ひとりだけがよいという生き方ではありません。そのような生き方ができるような基本が保育にはあります。そこをおさえた環境構成や援助ができたかを評価することです。

・保育者や友だちに関わりたいという意欲をもっていたか、また縄跳びを跳ぶ回数を数えてほしいという意欲をもつような人間関係が築けたかという視点が大切です。人的環境としてモデルがふさわしかったか、また保育者の態度、子どもの態度がどのようであったかという視点を評価します。自分のことを愛してくれる保育者に関わりたい、まねをしたいといった心情や意欲となるような保育ができたかを評価することです。

・一人ひとりを愛したかという視点が大切です。グループの構成が一人ひとりを大切にした配慮ができていたでしょうか。ひとりでは縄跳びを跳ぶことはしないでしょう。友だちと関わり、一緒に跳ぶことで生きている喜びとなり、もっと一緒に関わりたいという気持ちになるのです。そして人の中で生かされているという感覚になり、将来「自分で○○する」といった主体性が身につくことになります。そのような保育ができたかを評価することです。

以上のような評価の視点ですべてを評価することはできないので、何回かに分けて評価することも大切です。このように考えると、環境構成が工夫されるという利点にもなります。以下、記入の例として参考にしてください。

「ねらいにあるように一人ひとりに縄跳びが跳べた喜びや跳びたいという意欲を出させる問いかけ『○○ちゃんのように縄の持ち方を短くするとどうかな』や、受け入れ方として『十・五回まで跳べたね』というように具体的な働きかけができた。しかし、縄跳びの数が人数よりも多すぎたことは発達を捉える視点としては問題があると反省した」。

具体例——折り紙と関わるときの評価

「ねらい」として「折り紙と関わるときにイメージを広め、自分なりに工夫したことを楽しむ・味わう」といった子どもの発達を見つけたか、また、そのときにどのように援助したかを具体的に評価することが大切です。

言葉…イメージを広げる

環境…紙の性質を知る、○○の折り方を理解するといった体験させたい援助事項としても、指導することができたかを評価することです。

・「上手に折り方を教えて、折れていた」という書き方は評価できません。十人いたら十人十色ということです。「みんなちがって、みんないい」という個人差を大切にした保育を評価することです。感想文や日記を書くのではありません。具体的にどのようにできていたかを記述するように努力したいものです。

・自分なりに工夫して折っていたかを見つけ、そのときにどのように働きかけ、援助したかを評価することです。保育者の教えた色の使い方、並べ方だけでなく、自分なりに工夫した箇所を見つけます。例えば「折り方を工夫して指でぐっと力を入れられたね」「自分で折り紙を二枚選んだね」というように、具体的に援助したことを記録することです。

・他の子どもの描いたハートマークをまねして折り紙に描いていた場合、まねはいけないという保育ではなく、どのように受け入れたでしょうか。そこには発達の「まねるは学ぶ、学ぶは創造力」といった発達の高い部分として捉えた保育ができたかを評価することです。

・折り紙をしているときにほめること、受け入れることができない場合には、折り終わってからどのようにほめ・共感したかを評価することです。「目の保育」も取り入れたということを記述しておくと次の参考になります。

・環境構成として見本を一つだけでなく数個用意して、子ども自身が選択する場を与えたでしょうか。それは主体性の発達を捉えた保育ができたかどうかという評価となります。こういった細かい配慮として発達を理解しているかどうかにより援助や環境構成のあり方が変わってきます。

以下、記入の具体例として参考にしてください。

「ねらいにある『折り紙に関わり○○のイメージを広める』というように、教えた色の使い方でなく、自分なりに工夫して作り『先生、できた!』と言う子どもたち一人ひとりの言葉を受け入れたことで、子どものできた喜びや折れたという充実感、またイメージを広げられた援助ができた。しかし、与え方で、子どもたちに色紙を選ばせるのでなく、こちらから渡してしまったのは主体性を大切にできなかったと反省した」。

このように、評価を次の保育の出発点とするために具体的に記入したいものです。しかし、保育者には文章化する力を育てる時間がなかなか取れないのが現実です。できるだけ忘れない間に自分の保育を記録し、評価するときの参考にしましょう。

例えば、日々職員室は子どもたちの発達を見つけた感動した話で楽しい雰囲気になっていることでしょう。しかし、その場だけで終わらせてしまうことがもったいないこともあります。それを忘れないうちに記録する習慣をつけることが評価に役立ちます。「園長先生、援助しないのに○○ちゃんがお友だちと一緒に給食を食べました!　ほめてあげたら嬉しそうでした」。そこで園長は保育室に行き「○

○ちゃん、給食が食べられてよかったね」と言ったのです。そして、そのことを保護者に伝えました。このときに○○ちゃんははどのような環境だったのか、友だちの誰と座っていたのか、おかずの中身が何であったのかも話しました。

その話の内容、さらには保育者がニコニコと見守っていたから食べることができたことなども記録してほしいものです。そして保護者にどのように子どもの発達を伝えているかも記入します。「○○ちゃんは、○○をこうやったので食べました。よかったですね。園ではもちろんですが、お家でもほめてあげてください」といったことを文章化しているでしょうか。この文章化することの積み重ねが自己点検・自己評価するときの原点に結びつきます。毎日はむずかしいかもしれませんが、時々保育者として子どもたちと自分自身が高まるためにも文章化したいものです。

園長や主任がチェックした指導計画

園長や主任、年上の保育者が新任や後輩の立案した指導計画をチェックすることがあります。そのときに記入された言葉が、単にまちがった考えや文章を見つけて朱入れをされている状態だったら、新任や後輩はどんな気持ちになるでしょうか。まちがったことを指摘されることで劣等感をもち、意欲をなくしてしまう場合もあります。チェックする立場の保育者は、記入する意欲をなくすことがないように配慮することが大切です。

記入した文章は上手であっても、保育方法と結びついていない場合があります。また逆に、記入した文章は下手であっても、実際の保育は子どもたちを大切にしている場合もあります。文章には書いた保育者の個性が見られることが多くあります。園長や主任はチェックをするときに文章の個性を見つけ、目標をより具体化した「ねらい」の言葉が記入されているか、内容に偏りはないか、教材が子どもの立場になっているか、予想される活動は記入できているかをチェックします。

しかし、ここで大切なことは問題のある箇所だけを指摘して指導するのではありません。よい箇所をどのように伝えるかということが重要です。園の保育の目標や方針と合っている箇所を伝えることです。特に園長や主任の考えと一致している箇所を文章で伝えることも必要だと思われます。問題のある箇所ばかりを中心に指導していたら意欲をなくす保育者も出てきます。しかし、園の方針や園長の保育観などと「ここが一致していますよ」という指摘を受けたら安心することでしょう。それが積極的に保育に向かう意欲に結びつきます。

指導計画をチェックする立場の保育者は相手の立案や記入を「受け入れる」という姿勢をもち、相手にわかる言葉をかけ、さらには実践でのずれを指摘し、園の方針と一致している部分や子どもたちが生き生きと活動している保育を見つけ、一緒に共感したいものです。

指導計画事例1

＊M保育園 三・四・五歳児 (99～101頁参照)

園長としてチェックするときに、最初は「ねらい」が発達の方向性をおさえているかを見ます。そのときさまざまな年齢の子どもたちの保育の中で心情・意欲・態度を養うような立案になっているかどうかをチェックしたいものです。このときに園長の保育観や園の目標にふさわしい考えが立案されているかを見きわめることが大切です。保育者の勝手な「願い」や「思い」で立案されていると、子どもたちは混乱します。

この事例のように、①「仲良しおうちの新しい生活に慣れ親しんでいく」「仲良しおうちの友だちと一緒に生活や遊びをともにする中で関わりをもっていく」という箇所がチェックしてありませんでした。親しませたり、関わりをもたせる保育実践ということですが、それができない子どもにとっては苦しい場面になります。できたら「広める・深める」といった発達の方向性を捉えた立案になるよう見直したいものです。また「思いっきり楽しむ」といった記述は保育者の立場からのものであって、子どもの立場では心情・意欲・態度などを捉え、工夫した立案が望まれます。このような記入の際、自分の考えと一致していたら具体的に説明します。また、異なっている場合にも、できるだけなぜ違っていると子どもたちの発達が援助できないかということを記入します。すべてを一度にチェックできるものではありません。ですが、時々記入することで、園長の保育観を保育者は感じ取り、共通の保育観に近づいていきます。園長がいつも口にしている言葉が、子どもや保護者との会話で自然に出てくるようになれば幸いです。

予想される活動の欄に、②「子どもの身になって書くといっそうクラスの子の姿が具体的になり援助がやりやすくなります」と指摘しています。このようなチェックは園長の保育方針であり、子どもたちの立場になっていることが現われています。さらに「なぜか」を指摘することで園長や主任の保育観が伝わりやすくなります。書いた本人の考えに近づき、記入する力になれるように工夫したいものです。

環境構成に、③「危険な行為や遊びは理由を告げやめさせる」と立案があり、さらに援助・配慮の欄には「保育士が遊びの感動や驚きを言葉と身体で表現する」と立案されているのをチェックしてあり、それらの記入に対する取り違えを「入れ替え」と記入されています。このように、時には矢印を用いてはっきりと伝えることが、保育者の次回以降の立案に効果的です。

また、園長として最も気にすべきことは、保育士のしたことについての反省・評価がどのようにされているかです。反省・評価欄で、④「新しい生活に慣れるための援助・工夫はこれでよかったか。水遊びは楽しめたか。異年齢の関わりは広まったか。」を保育士のしたことについての反省・評価が欲しいです」と記入がありました。園長は感想文にならないために指摘しています。できるだけ具体的な記入が要求される箇所のひとつといえます。書いているときは把握していても、一年たったら理解できないような言葉は評価にならないということを肝に銘じていたいものです。

「内容」として異年齢のモデルとなって関わる力を援助事項とするケースは少ないと思われます。年上の子どもや年下の子どもとの関わりから育つ力や工夫できることがたくさんあります。同じように異年齢の子どものモデルとして「人的環境」が書かれていません。また、「予想される活動」の捉え方が内容に近いので見直しましょう。どのように関わるかを立案することで幅広い援助になります。

以上が文章チェックです。このような記入の他に自分の保育観と一致している箇所があれば伝えてあげたいものです。

●チェックの重要な視点

様式の流れだけを読み取るのでなく、園長の保育観と一致している文章を見つけ、「ここが一緒ですよ」というコメントを記入します。園長と同じ保育観を記入する保育者、また説明まで書いている保育者など、記入者の考えや書き方に差が見られます。

園長は自分の保育観を言葉で保育者に説明することが重要になります。この指導計画事例1のように、園の方針に結びついているという具体的な箇所を示しましょう。自分の園では何を大切にしてほしいかが文章で具体的な指示をすることで共通な実践に結びつきます。園長や主任として人を育てるときにほめること、共感することと同時に、具体的な指示をしたいものです。指導計画を通して保育者を育てるとき、それはずっと記録として残ります。また、受け入れる心を相手に伝えることで、信頼関係が確立されることにも結びつきます。

では、さらに具体的な事例に沿って見ていきましょう。

指導計画事例2

＊K保育園　四歳児 (102・103頁参照)

さまざまな種類の枠で内容を区分けしてチェックしてあり、工夫のあとが見られます。教育と養護の流れを区分けしてわかりやすくすることも大切です。園長や主任として自分なりにチェックする方法を工夫したいものです。枠や色で区別したり、矢印でチェックをするなど、相手に理解しやすいように説明してあげたいものです。

養護の内容欄のチェックに、①「戸外遊びをするときには、涼しい時間帯や木陰を見つけようとする」といった記入があり「涼しい時間を選び過ごせるようにする」といった、保育者が具体的にどのような保育をするべきかがわかりやすいチェックがされていました。また、②「喉が渇いたら、お茶を飲んだり休息をとろうとする」という記入には「休息をとるようにする」というチェックがありました。このように保育者の意欲ではなく、具体的な活動を促すことは必要な訂正です。このような内容に対して環境構成と予想される活動、援助・配慮が連動して書いてある部分を枠や色でチェックしてあると、園長や主任はチェックがしやすくなります。

内容の健康の中で、③「汚れた服の始末・手足洗い・うがいをして、清潔にしようとする」という記入はチェックされていませんが、ここは「しよう」という言葉は「ねらい」の意欲に結びつくので消すとすっきりします。

さらに環境構成の、④「タライに水を張って足を清潔にできるようにする」という記入に対して「足を清潔にするため水を張ったタライを用意する」といった物的環境に立ったチェックとなっています。

また援助・配慮では、⑤「清潔にする気持ちよさをともに感じ合う」と記入があり、それに対して「感じ合うようにする」といったチェックがありました。このように「感じ合う」だけでなく「感じ合うようにする」といった大人の共感する活動を援助として記入することで、働きかけが意識できます。このように意識してほしいことを園長として保育者たちに具体的に伝える努力が大切です。

人間関係の内容では、⑥「友だちや保育士と会話を楽しみながら食事を楽しむ」という記入に対して「食事をする」とすっきりと訂正がしてあります。このようにすれば、ねらいと内容を区別するときに記入しやすいと思います。このときの援助や配慮として、⑦「食べられる量を調節しながら、様子を見る」という記入に対する「無理なく食べられるように量を調節する」というチェックの「無理なく」という言葉には園長の保育観がみられます。このようなことも園全体が共通に理解して保育するための立案として大切にしたいものです。

環境の内容として、⑧「野菜を収穫する喜びを味わう」という記入にはチェックがありませんでした。しかし、「味わう」はねらいの中にある心情に近いので「野菜の収穫することを喜ぶ」といった記入にしたほうがすっきりします。そのような内容に対して物的環境として立案されていなかったことに対して、⑨「植物図鑑を準備する」というような明確なチェックは必要です。

予想される活動として、⑩「友だちと一緒に畑に行き収穫を喜ぶ」とチェックがあります。ここでさらに「土にさわらず見ている」「キュウリやトマトをにぎってつぶす」「『わあ、大きいのできた！ 先生見て』と言う」といった畑での関わりを予想して立案します。

また、援助・配慮として、⑪「大きくなったことや収穫をともに喜び、変化を楽しむ」という記入に対して「楽しめるような工夫をする（例：成長の様子を絵に描く）」といった園の方針が明確に書かれています。このようなチェックをすることで保育者は園の方針も理解できるようになります。

表現では、⑫「夏まつりに向かって友だちとともに踊ることを喜び、楽しもうとする」といったねらいに近い言葉を、園長は「友だちと一緒に踊ることを喜んだり楽しんだりする」といったすっきりした援助事項に切り替え、わかりやすい文章にしています。

この園では言葉の領域が作られていません。しかし、園長は予想される活動の中で、⑬「背中、髪がうまく拭けないいままにする」といった予想に対してさらに「『ふいて』と言いにくる子もいる」と予想しています。「言葉」の領域がない中で、園長が言葉を言えるような体験をさせたいのであれば、発達のバランスを考えて体験させたい事項として、言葉を工夫することになります。記入する欄があれば、保育者も発達の援助事項を考え立案できます。すると、そこには人的環境として保育者や友だちのモデルなどが出てきて「予想される活動」にも反映されるようになります。

チェックするとき、保育者の立案した月案や週案のよいところをほめているでしょうか。保育者に自信をもたせるのも園長の務めであり、悪いところばかりを指摘することではありません。

指導計画事例３

＊Ｔ保育園　三歳児（104・105頁参照）

ねらいの中の、「さまざまな遊びに興味をもち、保育士や友だちと一緒に楽しむ」といった記述と、内容の「保育士や友だちと言葉を交わしながら、好きな遊びを楽しむ」という記述に対して、①「ねらいと連動している」と指摘してほめています。また、援助・配慮の項目の、②「十分な休息が取れるように時間に余裕をもつ」という記述に対して、「とても大事！」と朱入れをしています。このように大切な視点を明確にしつつ、③「体を動かすことに消極的な子にもタイミングをみて誘ったり、言葉をかけたりして楽しさが味わえるようにする」という援助・配慮においてのチェックでは「決めつけていませんか」また、「共感できる言葉が出てないといけない」と指摘しています。

このように園長の目標とねらい、また方針から少しずれている場合に、保育観の中で大事にしていることを伝えるのがチェックのときには必要です。そうでないと、ただ上手にさせようとすることにこだわった、保育者主導の保育となってしまいます。例えば、三歳児の子どもなら「見てあげるだけでいい、聴いてあげるだけでいい、自分から行動したくなるまで見守る」というのが園長の保育観ならば、共感をもっと入れた言葉が必要です。園長は、その言葉をしっかりと具体的に理解しやすいように指摘することが必要です。このように、共感の言葉を忘れないようにしたいものです。実践で共感の少ない保育となれば、子どもは劣等感を感じる場合もあります。

予想される活動では、④「家の人と夏まつりに参加する」という言葉に対して「内容」という朱入れが明確にしてあります。また、⑤「踊ろうとしない」という言葉に対して「この子の気持ちになって予想すると援助・配慮が幅広くなる」と朱入れがありました。このチェックがあることで保育者は実践のときに配慮することができます。

園長としてこういった視点をしっかりともっていたいものです。

また、反省・評価の欄の、⑥「週末に夏まつりを控えて、自分自身心に余裕がなく、適宜に水分補給をすること以外、保健衛生の面で環境構成や配慮が少なかったと思う」という文章に対して「次週どうしたいのかがあるとよい」という指摘があり、感想文のようではいけないということが理解できます。

また、⑦「身のまわりのことは一人ひとりに応じて言葉かけなどを工夫し、自分でできるところはなるべく保育士が手をかけないようにした」という文章があり、朱入れとして「どうやったんですか。そして、どう評価、反省するかです」といった記入がありました。このチェックでは、園長がよい箇所を認め、問題点を具体的にしっかりとおさえて伝えている姿勢が理解できます。チェックする園長や主任は、次の保育の出発点となり、職員全員が参考になるような記入に対しては大いに認め、受け入れ、ほめることが大切です。

M保育園　三歳児指導計画案――のりで遊ぼう

指導計画事例4

＊M保育園　三歳児――のりで遊ぼう

（106～109頁参照）

三歳児がのりと関わる保育では、上手にのりを使わせることにとらわれるのでなく「少しさわるだけでいい」「のりの匂いを嗅ぐだけでいい」「気持ちいいなあ」「少し気持ちわるいなあ」といった感覚を味わい、「おもしろい」「不思議だな」「変わったものだなあ」「きれいだなあ」という感性を高める場面であることを理解することです。しかし、上手にのりを使って作品を作らせることだけにこだわると、できる子どもには楽しい保育場面となりますが手先が不器用な子どもには、完成できなかったり、思うように作れなかったりして「自分はどうせできないんだ」といった劣等感を味わうことになる場合もあります。保育課程の中に保育目標としてどのような考えを取り入れているかを明確にしなければなりません。園長と主任を中心にして自分が住んでいる保育園の地域の実態、子どもの実情、保護者の要望を考慮することです。子どもたちが手先を使うことも少なくなっている実態は理解できても、「きれい」「美しい」「不思議」といった感性が育っていないと感じたならば、保育課程の中に取り入れ、それを指導計画に結びつけるような立案、実践をすることが大切になります。

例えば、この事例のような保育目標の、「さまざまな体験を通して、豊かな感性を育て、創造性の芽生えを養う」という立案があれば、この言葉を「より具体化したねらい」として、年間のねらい、月のねらい、週のねらい、日のねらいに結びつけることです。ここで重要なことは保育園の目標や方針を忘れて「ねらい」を立案すると、クラス担任の勝手な解釈で保育をしてしまうことになります。発達の方向性として将来の感性豊かな生き方に結びつけるのが保育です。しかし、発達の方向性をもたないで「のりを上手に扱わせればいい」という保育では、上手にできる子どもだけが楽しく感じる保育場面になります。一人ひとりの発達を大切にした保育をするためには、発達の特徴である個人差や多面性ということを取り入れて立案し、実践しなければなりません。

三歳児として保健衛生的で安全な生活が保育園でできるためには、保育者の活動が大切になります。この活動は当然保育課程に基づいていることは言うまでもありません。日案の養護のねらいとして、「活動状況や衛生に気を配り、一人ひとりの状態に応じて適切に対応する」といった記述があります。この一人ひとりの状況を的確に把握することが重要になり、日常のクラスでの子どもたちの活動を把握することが安全で保健的な保育に結びつきます。常に一人ひとりの子どもの活動を把握し記録することも大切となります。しかし、毎日すべての子どもの活動を記録することは、忙しい仕事の中では困難です。困難の中で偏らない養護活動をするためにも時々順番にチェックをしたり、目立たない子どもを先に記録するといった配慮も重要になります。

●ねらい

三歳児の年のねらいとして、「さまざまな物を見たり、聞いたり、ふれたり、いろいろな発見をしたりして、想像する心を養い感性を豊かにする」といった立案があります。この立案のようにいろいろな発見をして想像し感性を豊かにするという発達の方向性をおさえているかどうかが指導計画を立案するときに大切となります。年齢ごとのねらいとして保育課程に具体化する事項のひとつとして参考にしたいものです。

さらに、月のねらいは、「身近な環境に関わり、身のまわりの事物に関心をもつ」であり、ただ上手にさせることにこだわった保育ではありません。ねらいの捉え方を工夫し、園全体が共通の考えをもつことが必要となります。週案は「さまざまな素材や用具を使って、好きな形を作って遊ぶことを楽しむ」となっています。子どもの立場になって楽しみ方を捉えると幅広い保育になると思います。

日案として、「物の色・形・大小の違いを知りながら、のりを使って、好きな形を作って遊ぶことを楽しむ」といった事項があります。これはただ上手に作らせることや扱わせることにのみこだわった立案ではありません。将来に生きる子どもたちがさまざまな楽しみ方を把握し、その中で感性を豊かにすることが大切な保育です。目標をより具体化した「ねらい」の捉え方をこのような事例から工夫することも大切と言えます。

●内容

援助事項としての内容の健康では、「簡単な身のまわりのことでできることは自分でしようとする」という立案となっていますが、この中に「自分でしようとする」といった発達の方向性の言葉があります。ここでは「自分でする」ことができないので、させたいという援助事項として捉えて「自分でする」としたいものです。

人間関係で体験させたい援助事項として、「共同のものを大切にし、譲り合ったり、協力しながら一緒に使う」といった、人と人との間で生活をする生き方が将来できるための立案となっています。当然保育の目標にも含めて、共通に解釈をしなければなりません。のり遊びが、社会の中で人を大切にする生き方にまで影響を及ぼしているという総合的保育を理解することになります。

環境では「色、形、大きさなどに興味をもち、違いを知る」「のりの使い方を知る」といった立案があります。世の中にはさまざまな色や形、大きさの物が存在することや、物と物がくっつくのりの不思議さなどを知り、体験させることも保育の援助事項としては大切です。のりを扱うことにより思考力にまで影響しているという認識をしなければなりません。

言葉では「保育者や友だちに自分の思ったこと、してほしいことを話す」「色・形の名称を知る」といった立案となっています。言葉の存在を知り、言葉を使って相手に自分の気持ちを伝えることを体験させることです。三歳児としてさまざまな体験をしてほしいものの、能力に合わないような立案は考え直したいものです。

表現では「自分のイメージに合わせて好きな形を作ることを楽しむ」とあります。感性豊かな生き方ができるためには、イメージすることができるような体験が必要です。三歳児は自分の思うように手先を動かせない場合もあります。自分の手で扱うことにより、さまざまなイメージを豊かにする体験をさせることも重要になります。

このように内容では、年齢に合わせたり発達にふさわしい体験を立案することです。保育という場を通して、三歳児は三歳なりに発達しているということを把握して立案することです。

●環境構成

環境構成では物的環境、人的環境、さらにはのりを使っている場面を工夫して立案します。三歳児はなかなか自分で汚れたものをきれいにはできません。三歳児にふさわしい大きさや素材を使ってきれいにすることを体験できるような物的環境を準備したいものです。そのためにこの事例のような立案をし、実践をするときに役立てたいものです。

また、子どもたちが使いやすい環境を配慮した立案も必要です。子どもたちが自発的に環境に関わりたくなるような環境構成が望まれます。「色紙を十分に用意しておく」という立案がありますが、いつも十分に用意しておくといったことではなく、時には少なめにし、取りにくい状況にし、「困難に出会っても乗り切る」といった発達のための環境づくりも工夫したいものです。このように、これから先の生き方を考慮し、環境を工夫することも重要になります。

この環境構成の中で「補充用ののりを用意しておくが、子どもから要求が出るまでは出さない」といった「主体性」を引き出すような、最も大切な環境構成の立案をしています。これは、園長の保育観や地域の実態、子どもの実情を配慮した大切な考えです。

保育者の人的環境として、子どもが言葉をかけてきたときに、「あなたのためにたっぷり時間を使いますよ」「愛していますよ」と、じっくりと聴いてあげる保育態度を周囲に示すことが、子どもたちの自発的な行為に結びついていきます。

ぜひ、このような立案を参考にして自分の保育園が一人ひとりに対してきめ細かな愛情を注いでいるということを全員が再認識したいものです。環境構成の中で人的環境として「保育者も好きな形を作って楽しむ姿を示す」といった、子どもたちのモデルになるような立案をし、実践に結びつける努力をしたいものです。

●**予想される子どもの活動**

「予想される子どもの活動」は三歳児の目、耳、手になって予想したいものです。のりをただ上手に扱わせることにこだわった立案をするのではありません。のりが手についたら手拭きで拭く。また汚れても拭かない子もいます。また、洗面所まで行く子どももいます。三歳児がのりにどのように関わるかを三歳児の視点で立案します。この事例のように、「手の届かないものを『とって』『かして』と友だちに伝え、一緒に使おうとする」といった、人との関わりを三歳児なりに気づかせる環境を準備し、どのように関わるかといったことを予想することが幅広い援助に結びつきます。

●**保育者の援助・配慮事項**

援助や配慮として「自分の物とみんなで使う物があることを知らせ、自分のことばかりではなくまわりの友だちのことも考えていけるようにする」といった、人間関係の中で相手の行為を理解し、相手を受け入れる体験をさせることも重要です。

また、予想される子どもの活動として「のり台紙を使って制作する」「のり台紙を使わないために、机や作品を汚す」「のりがうまく指に取れない」などを考慮して、三歳児として発達の視点でどのように関わるかを工夫します。それに対する援助は「個人差があるので、様子を見ながら、個別に言葉をかけたり、わかりやすいように保育者が実際にやってみせたりする」といったモデルになることを援助として立案することもあります。

「のりがなくなったことを保育者に伝える」といった予想から、援助では困ったことに対して「のりの不足、使いにくい状態など、困ったことを、どうしてほしいか伝えられるように促していく」といった具体的な立案をすることです。このように「予想される子どもの活動」を子どもの立場になって立案すると、発達を把握した一人ひとりにふさわしい援助になります。保育者として予想することの大切さを理解できたことと思います。

●活動の実態

具体的にどのようにのりに関わり、どのような状況であったかを把握し記録します。ここで注意することは、保育者の主観だけで記録すると本人は理解していても読んだ人に通じない場合があります。できるだけ客観的に記録したいものです。

この事例には「これまでの経験から、ほとんどの子どもが、人差し指にのりをつけていたが、のりがうまく指につかず、容器に指を入れてグルグルと回していたり、両方の手の指を入れている子もいた。また、のりをつける量は、山盛りにたくさんの子もいれば、ついているかついていないかわからないくらいに少ない子がいたりして、さまざまであった。使い方にはまだ個人差もあり、援助が必要なところもあるので、今後さらに保育者と経験を重ねていきながら、慣れるようにしていきたい」とあります。このように具体的に記録することでクラスでの状況が把握できます。参考にしてください。

●評価・反省

この事例では、活動を楽しむ子どものほうに目が向きすぎ、洗面場で手洗いをしている様子や、そのあとの手拭きの状態を十分見られなかったことを反省しています。このように次の保育の出発点になるような記録をします。ただ、悪いことばかりを反省するのではなく、のりと関われてよかった点や遊びをどのように楽しんでいたかを具体的に記録することです。そして実際にどう援助したかを記録することが、読んだ人の参考になります。発達の方向性をどのように捉えたか、それも園の目標にふさわしい「ねらい」であったかを評価することが今後の保育に生きてきます。

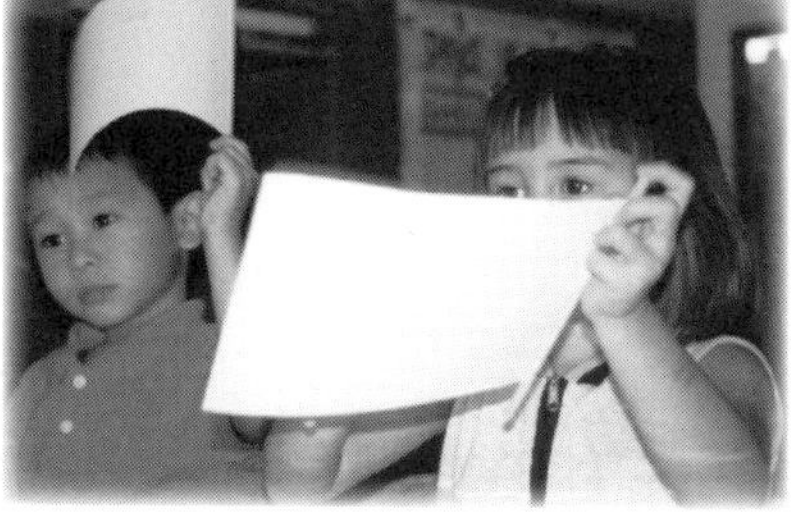

M保育園　四歳児指導計画案――紙飛行機

指導計画事例5

＊M保育園　四歳児――紙飛行機（110～114頁参照）

この事例から、「思考力の基礎を培う」という目標をもって立案や実践をし評価することを見ていきましょう。

●保育目標

目標を大切にした立案を作成することにより、その根拠や方針を見直すことにつながり、園全体で統一された保育ができます。いつもこの事例のような詳しい立案はできませんが、園長、主任をはじめとする他の保育者たちの協力が得られれば見直しの大切な機会となります。このように目標を考えていないと保育自体がバラバラとなり、子どもたちが混乱することになります。

また、目標から指導計画を見直すことにより園全体の方針が再確認できます。例えば、一人ひとりの発達を大切にした保育実践から、援助が主体性の発達を捉えたものとなり、それを子どもに伝えることができます。しかし、目標がないと自分の園がどのような主旨で設立されたか、何を大切にして運営や管理や保育がなされているかを忘れ、勝手に解釈した保育をすることになってしまいます。このようなことを防ぐためにも、時には目標や方針を再確認した立案をして実践に向けたいものです。子どもたちの発達のため、また、将来の生き方を左右するうえでも重要と言えます。

さらに、目標を記入することから目標作成の根拠を考え、子どもと保護者への的確な援助や働きかけができると思います。このような目標を捉えた指導計画から、地域の子どもの実態を捉え直したいものです。それは例えば、「ひとりっ子が多い地域、子どもの数が少ない地域での保育か」ということをチェックする機会になります。また、保護者の要望として、子どもを預けることに主点をおいているのか、それとも教育的なことを中心に考えているのかを見直します。このような共通な理解をもち、実践に結びつけること、そして、さらにはそのための研修が大切です。

●ねらい

年のねらい、月のねらい、週のねらい、日のねらいといったように目標をより具体化し、知識や技術だけでなく発達の方向性をおさえた立案をすることが大切です。四歳児の発達を考えるチャンスとなり「自分で○○する」といった主体性とは何か、また、自発的に環境に関わるということを考慮することができます。今までの、「上手に集団を動かせるのがいい保育」という考えを反省した、新しい保育ができるようになります。それはつまり従来の系統主義から脱却し、子ども中心主義の発達を大切にした立案となり、一人ひとりを大切にした保育になります。保育者主導で子ども不在のような保育を見直す機会となります。

また「養護」と「教育」の区分けによって、見直しができ、クラスの子ども一人ひとりの発達をおさえた実践に結びつきます。「養護」の働きとして、「命を護り、ＳＡＲＳ・Ｏ《オー》１５７などにならないよう、病気から子どもたちを護る保育」を考え、甘えを受け入れ、情緒の安定を図ることがあげられます。「教育」では、一人ひとりの発達の助長となる保育ができるような立案をすることです。

この事例の「ねらい」と「内容」の中で、まちがいも見つけてほしいと思います。自分で考えるとき、発達として困難に出会っても逃げるのでなく自分で切り開く保育者でありたいものです。ねらいの言葉の使い方と、内容として援助事項とは何かということです。

養護では「〇〇する」「図る」、教育では「楽しむ」「味わう」「広める」「深める」「しようとする」といった言葉の使い分けができているかをチェックしましょう。

またここで、遊びを通して総合的な保育とは何かを考えてみることです。単に、上手に折り紙を折らせて飛行機ができればいいという保育から、自分で紙を選んだり工夫して飛ばすことにより考える力が育つこと、そして友だちと一緒に紙飛行機に関わることで、さまざまな刺激が与えられます。物事を捉えたり、類推したり、選択したり、判断する智恵が与えられる場となっていることを保育者が理解することです。子どもたちに対して、一人ひとりが発達していることを具体的に伝えることが保育です。手先や身のこなしを知り、飛行機を知り、紙の性質を知り、飛ばすときのルールがあることを理解することにより、技術だけにとらわれない、将来生きていく力になるような総合的な保育になります。

●内容

四歳児の発達の視点をチェックし、発達の援助事項として「内容」を捉えることが大切です。ここには、立案者の癖がでやすいことを園長や主任、仲間は把握し、指摘しあえる関係を築くことが重要です。偏りがあれば保育課程から見直す機会をもつことです。四歳児の発達の方向性は、ただ単に上手に折り紙を折らせることではなく、楽しさを十分に味わわせることです。

●環境構成

「ねらい」「内容」にふさわしい環境構成を立案することが大切です。命を護るための環境は当然ですが、危険な教材、遊具、壊れた品物、ガラス、とび出た釘といった物的環境をチェックすることです。また、保育者が楽しく折り紙を折ったり飛ばす姿を示し、子どもの意欲を引き出すといった人的環境を工夫することも大切です。このように子どもが自発的に環境に関わる構成を立案することです。

発達観を正しくもっているなら、むずかしい飛行機の折り方や飛ばすときに飛ばせられない体験をさせ、そのとき自分で類推し、判断することができるための環境構成を立案します。保育者の都合で環境をつくるのではなく、子どもの発達にふさわしい環境を構成することです。

この事例の最も重要な箇所として「広告紙、包装紙、新聞紙などいろいろな材質や形の紙を用意する」という記述があります。ここでは発達観として主体性を大切にし、自分の意思で判断して紙を選択し、推理する場を与えるための環境を構成していきます。このような立案が重要です。また、「紙飛行機を数個用意しておく」といった、十分ではなく「数個」という困難な環境をつくることも発達には重要で、これからの立案の参考にしてほしいことのひとつです。

●**予想される子どもの活動**

クラス全員の子どもたちの活動が予想できますか。予想できないと、例えば散歩に行ったときには取り返しのつかないけがをする場合があります。紙飛行機でも、全員が一斉に「折りたい」という気持ちになることはありません。そばで見ているだけで楽しいと感じる子どももいれば、騒いでいるのを見ているだけの子どももいます。物的・人的環境やその場の雰囲気にどのように関わるかということを子どもの目、耳、手、足になろうという心構えで立案することです。するとこの事例のように「このツルツルした紙のほうがたくさん飛んだよ」「ガサガサしているのは、あんまり飛ばないね」といった子どもの立場になった記録になります。

●**保育者の援助・配慮事項**

子どもの発達観に立ち、援助することを大切にし、問いかけ、励まし、助言し、共感し、指示をして……ということが立案できます。表現の欄の「一人ひとりのイメージを大切にし、必要に応じて援助していく」という記述は、個人差を捉え一人ひとりを大切にする保育の立案として見本となります。また「一人ひとりの創意工夫を認め、自分で工夫する楽しさを味わえるようにする」の中で「自分で」としている立案は大変参考になります。

●活動の実態

子どもの活動を把握できたら、それに対する援助をどうしたのかを記入すると、さらにわかりやすくなります。子どもの実態と具体的な援助に対して「ねらい」「内容」にふさわしい働きかけがどうであったかを評価したいものです。内容が偏っていなかったか、環境がねらいと内容にふさわしかったか、予想される活動と実際のずれはどのようであったか、発達の中で主体性をどう捉え、どのように働きかけたか、一人ひとりに対してどのように働きかけたか……といったことを評価し、さらには反省を記入します。

●評価・反省

この事例の反省には「紙の質の違いに気づかせたかった」という記録がありました。これは体験させたい援助事項です。ねらいとしての評価とは異なります。ねらいとしては、自分で工夫していた姿の捉え方、折り方、飛ばし方を見つけることです。自分なりに関わっていた姿としてのアンテナを張っていないと見つけることができません。見えるところのチェックはできます。しかし、時にはこのような発達の個人差と多面性、さらには保育者なりの関わり、捉え方、工夫、選び方、推理し判断している力を見つけ、そこに共感し、励まして発達に対する保育がどのようであったかを評価します。これができているかどうかを捉え、環境の再構成をどうしたかをチェックします。

評価は目標から援助までの大きな流れを把握していないとできません。この事例の保育者はアンテナを張っていました。それは予想される活動の中に「思い思いに紙飛行機を飛ばす」「よく飛ぶ飛行機はどれか、確かめる」「飛び具合を見ながら、改良を重ねる」といったことを予想し、友だちの輪を広げながら作り方や飛ばし方を工夫するといった援助が立案されていました。主体性、自発的な場面を評価し、発達をおさえた記録をすることが大きな課題となります。

そこで実際に子どもが紙飛行機を折っているときや飛ばしているときに、どのように工夫していたかをチェックし、そして以前と比べて工夫の仕方が変化しているところを助言したり、共感し発達したことを気づかせます。このように保育を評価し、記録することがこれから最も重要な保育評価になると思われます。

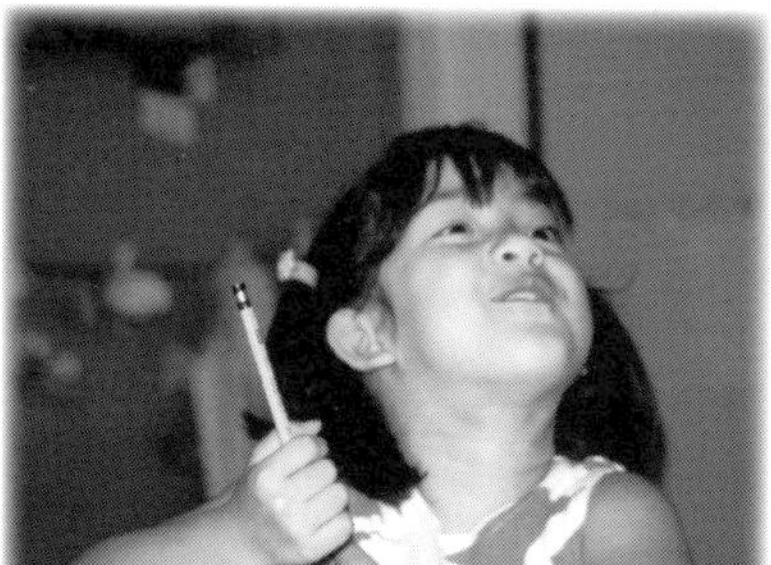

指導計画事例集

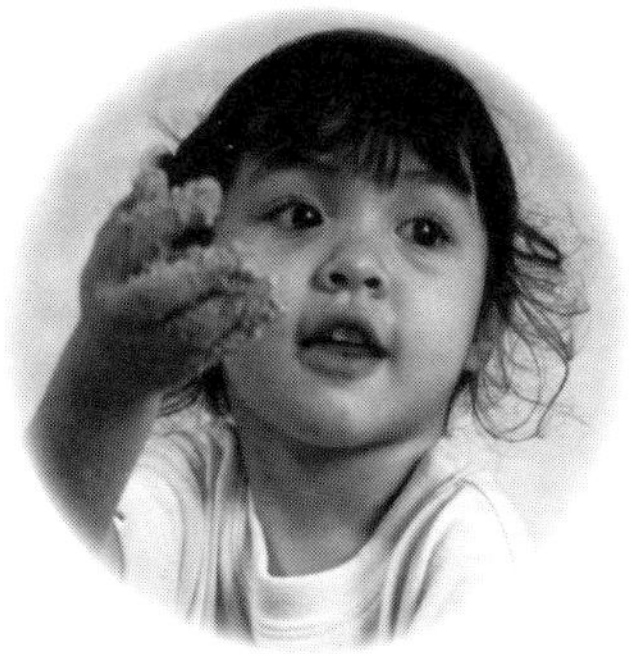

【指導計画事例 1】 M保育園　3・4・5歳児

保育週案 7月3週	ねらい	行事
園長 / 次席 / 担当	・仲良しおうちの新しい生活に慣れ親しんでいく。 ・仲良しおうちの友だちと一緒に生活や遊びをともにする中で関わりをもっていく。 ・夏の開放的な遊びを思いっきり楽しむ。①	19日　仲良しおうちに引越し 　　　絵本返却日 20日　おまわりさんのお話 22日　お布団持ち帰り

養護の内容
・一人ひとりの子どもの気持ちを理解して受け入れ，信頼関係を築き，自分の気持ちや思いを安心して表わすことができるようにする。 ・気温や湿度に応じて，カーテンを閉めたり通風をよくしたり，クーラーを入れたり，できるだけ快適に生活できるようにする。

	内容	環境構成	予想される活動	援助・配慮
5領域の視点	・自分の持ち物の片づけ場所がわかり片づける	・自分のマークや名前（色分け）を貼る	・わからない子や迷う子がいる ② 子どもの身になって書くといっそうクラスの子の姿が具体的になり援助がやりやすくなります	・くり返しの中で覚えていくように個々に働きかけをする（部屋で受け入れをする）
	・生活のやり方や流れなどを確かめる	・クラスに残る子の場所は変えない		・時間をかけてじっくりと取り組むようにする
	・食事や午睡，おやつなど友だちと楽しく過ごす	・5歳児が生活を進めやすい場所にタライ，雑巾，布巾などを相談して置く	・5歳児の中でも意識のない子がいたり，4歳児の中で意欲をもっている子がいてやりたがる	・様子を見ながら誘ってみたり，意欲のある子はどんどんと体験していく

5領域の視点	・新しい担任や仲良しおうちの友だちと関わりをもつ ・お部屋で好きな遊びを楽しむ ・水遊び，色水作り，しゃぼん玉遊びなど友だちと楽しむ ・お話やお芝居などのお話の世界を楽しむ	・ペアーの友だちのマークを机に貼る ・5歳児が生活をリードしていけるように言葉かけをする ・一人ひとりに関わる時間を意識し関わる ・ブロックや粘度，おままごとなどを整えておく ・遊びが満足いくように，容器やタライ，ホースなどを準備する ③ ・危険な行為や遊びは理由を告げやめさせる	・自分の座る場所がわかる ・自分のペアーの子の食事を運んだり，お布団を自分のそばに敷く ・保育士に親しく話しかけてきたり，甘えを示す ・表情の硬い子や友だちと関われない子がいる ・大好きな遊びを中心に遊ぶが年齢としての満足度がない ・おもしろい発想や遊びを楽しんでいる ・約束はしたが遊びだすと危ないこともでてくる ・楽しい，スリルのある，怖いなどいろんな話を身体で受けとめる	・5歳児の姿をみんなの中で認めていく ・食事準備など，3歳児も自分でできるところは見守るなどたっぷり時間をかけてすすめる ・午睡は個々に合わせてしっかり身体が休まるように配慮する ・不安定な子に対して丁寧に関わり，居場所になる ・友だちとの関わりや遊びのきっかけを試みる ・遊びの展開の方向性やアイデアを提供しながら年齢の満足を試みる ・保育士が遊びの感動や驚きを言葉と身体で表現する

入れ替え

		・いろんなお話にふれられるように準備する		・危険なことや清潔に関して具体的に絵図や再現でやってみて子どもたちに理解できるようにする ・絵本タイムはうきうきするなど期待や興味がもてるような雰囲気づくりを心がける
反省・評価	仲良しおうちになりたんぽぽ組の子が何人か戸惑うが徐々に慣れていく。どの子も新しい環境に喜んでいる様子が見られる。1日の流れや先生に慣れるまでもう少し時間がかかると思うが温かく見守り援助していこうと思った。 初めての水遊びは開放的な雰囲気で楽しそうだった。 色水や水鉄砲など十分に楽しめていたと思う。これからも日差し，天候，水遊び後の部屋の温度，外の床の暑さに気をつけて楽しんでいきたい。 ④ ・新しい生活に慣れるための援助・工夫はこれでよかったか ・異年齢の関わりは広まったか ・水遊びは楽しめたか を保育士のしたことについての反省・評価が欲しいです			

【指導計画事例2】 K保育園　4歳児

保育週案 7月4週			ねらい	○適度な休息を心がけ，心身ともに疲れを残さないようにする ○夏まつりまでの遊びを楽しみ，喜んで参加する ○友だちと色水・水遊びを楽しむ
園長	次席	担当		

	内容	環境構成	予想される活動	援助・配慮
養護の内容	① ・戸外遊びをするときには，涼しい時間~~帯や木陰を見つけようとする~~を選び過ごせるようにする ② ・喉が渇いたら，お茶を飲んだり休息を~~とろうとする~~とるようにする	・パラソルを出したり，日陰となる場所を設ける ・テラスにセンターラグ・座り机を用意し，休めるようにする ・常にお茶が飲めるよう机を出しておく	・暑いと中に入ったり，テラスで過ごそうとする ・喉が渇いたと，お茶を飲もうとする	・水分を補給する大切さ，生じやすい症状を知らせる ⑤ ・清潔にする気持ちよさをともに感じ合う ようにする ・着がえた服の始末の確認をする
健康	・汗をかいたら，ハンカチで拭こうとする ③ ・汚れた服の始末・手足洗い・うがいをして，清潔にしようとする ・健康管理に気をつけ~~ようとすることで~~ながら，夏の行事を楽しみに待つ	④ ・~~タライに水を張って足を清潔にできるようにする~~足を清潔にするため水を張ったタライを用意する ・体に疲れを溜めずに休みながら遊べるようにコーナーを設けておく	・ハンカチで，自ら汗を拭いたりコーナーを作って着がえようとする ・楽しむ・ふざける…姿が見られる ・夏まつりに楽しんで参加する	・体調に変化はないか注意して様子を見る ・ゆったりと関わり，気持ちの安定を図る

人間関係	⑥ ・友だちや保育士と会話を楽しみながら食事を~~楽しむ~~する	・子どもたち自らが踊りを楽しめるよう，音楽を常に用意しておく	⑩ ・~~友だちどうしで見に行き，収穫を喜び合う~~ 友だちと一緒に畑に行き収穫を喜ぶ	・楽しいとふざけるの違い，ふざけるとまわりのお友だちはどう？…~~とともに考える~~と，子どもと一緒に考えるようにしていく
環境	⑧ ・野菜を収穫する喜びを味わう ・友だちと水遊びを楽しむ（色水やしゃぼん玉など）	・室内外の温度差が大きくならないようにする ⑨ 植物図鑑を準備する ・~~異年齢交流も含めて，食事をする~~ ・しゃぼん玉，絵の具などを準備する ・いつでも踊れるようにカセットを使いやすいところに置いておく	・~~水遊びの始末が粗末になる~~ 自分で水遊びの始末を上手にする子もいるが，粗末になる子もいる ⑬ ・背中，髪がうまく拭けない~~ままにする~~ 子もいるが「ふいて」と言いにくる子もいる	⑪ ・大きくなったことや収穫をともに喜び，変化を楽し~~む~~めるような工夫をする（例：成長の様子を絵に描く） ・~~体の始末，服の始末の確認をする~~
表現	⑫ ・夏まつりに向かって友だちと~~ともに踊ることを喜び，楽しもうとする~~ 一緒に踊ることを喜んだり楽しんだりする		・~~いつもと違う場所で違う友だちと会話が弾む~~ いつもと違う部屋で異年齢の友だちとの会話が弾む	⑦ ・~~食べられる量を調節しながら，様子を見る~~ 無理なく食べられるように量を調節する

【指導計画事例 3】　T 保育園　3 歳児

保育週案 7月2週	ねらい	○梅雨時の保健衛生に留意し，快適に生活できるようにする ○一日の生活の仕方がわかり，保育者に見守られながら身のまわりのことを自分でしようとする ○さまざまな遊びに興味をもち，保育士や友だちと一緒に楽しむ 週案だから具体性があるといい　この週に先生がねらう発達は何でしょう	行事・連絡	7日　七夕のつどい 9日　夏まつり
園長 / 次席 / 担当				

①ねらいと連動している

内容	環境構成	予想される活動	援助・配慮
・暑さで体調が変わりやすいので一人ひとりの健康状態を把握し，異常のあるときは適切に対応する ・一人ひとりの子どもの気持ちや考えを受容し，安心して表わすことができるようにする ・保育士の手助けや見守りの中で排泄，手洗い，着脱，片づけなどを自分でする ・水分補給をしたり，お昼寝などの休息を十分に取る ・夏まつりに楽しく参加して，いろいろな人とふれ合う ・保育士や友だちと言葉を交わしながら，好きな遊びを楽しむ	・汗をかいたらこまめに拭いたり着がえたりする ・室温や換気に気をつけ，風通しを良くするなど快適に過ごせるように工夫する ・朝は保育士どうし連携を取り合って笑顔で迎え，安心して遊びだせるようにする ・保育者がやって見せたり，手順や方法などをくり返し知らせ，自分でやろうとする気持ちがもてるようにする ・活動や気温に応じて，お茶を飲む時間をもつようにする ・夏まつりの話をし，踊りを踊ったり大きい子の太鼓を見たりして期待がもてるようにする	・わがクラスのカラーがでるクラスの子をよくみつめてみよう ・整理してみよう ・自分でトイレに行き排泄する ・友だちとトイレに行く ・間に合わずにおもらしする ・スリッパをそろえる ・着がえをする ・着がえを手伝ってもらう ・手洗い，うがい，はみがきをする ・水遊びになる ・水筒のお茶を飲む ・お昼寝をする ・家の人と夏まつりに参加する ・地域の人や他の保護者などとふれ合う ④内容	・汗をかいたり，汚れたままでいないかを確認し，必要に応じて着がえをし，清潔にすることの心地よさが感じられるようにする ・一人ひとりとの関わりを大切にし，朝や活動の変わり目など不安な子にはスキンシップを図ったりして安心して過ごせるようにする クラスの中に援助が必要な子をあげ具体的な援助は何か工夫が大事 ・自分でしようとする気持ちを大切にし，一人ひとりにあわせ必要に応じて手助けをする ② ・十分な休息が取れるように時間に余裕をもつ とても大事！

・季節の歌を歌ったり、おまつりの曲に合わせて踊ったりすることを楽しむ。また大きい子の踊りや太鼓を見て楽しんだりまねしたりする

ここでいったん切ったほうが内容としてすっきりする

・七夕の行事に関心をもち、つどいに楽しく参加したり、いろいろな素材にふれながら作ることを楽しむ

・保育士がゆったりとした気持ちで耳を傾け子どもが話しやすいような雰囲気づくりを心がける

・保育士も一緒に表情豊かに歌ったり踊ったりして楽しさを共有する

・太鼓などをまねして遊べるように紙筒の太鼓を用意したり、カセットやCDなどを準備しておく

・いろいろな素材や用具を用意する 具体的だと良い

・つどいでは、七夕の由来が子どもたちにわかりやすいように、伝える工夫をする

・言葉のやりとりをしたり会話しながら友だちと遊ぶ

・強い口調になったり口げんかになる

・思いが伝わらないと引っかいたりたたいたりする

・ままごと、ブロック、お絵かきなど好きな遊びをする

・片づけをする

・夏まつりの踊りを踊る

・踊ろうとしない ⑤

この子の気持ちになって予想すると援助・配慮が幅広くなる

・太鼓を見たりまねしたりする

・七夕の飾りを作ったり、つどいに参加する

・寝つきにくい子はそばについて安心して眠れるようにする

・保護者、地域の人と協力して夏まつりを楽しめるようにする

・言葉で思いを伝えられない子には代弁したり、仲立ちをしながらその子の言いたい気持ちを受けとめるようにする

・体を動かすことに消極的な子にもタイミングをみて誘ったり、言葉をかけたりして楽しさが味わえるようにする ③

→決めつけていませんか

共感できる言葉が出てないといけない

・子どものイメージを大切にし、楽しく作ったり書いたりできるように見守る

・危険な遊び方に注意する

反省・評価

・週末に夏まつりを控えて、自分自身に余裕がなく、適宜に水分補給をすることと以外、⑥保健衛生の面で環境構成や配慮が少なかったと思う。→次週どうしたいのかがあるとよい

・⑦身のまわりのことは一人ひとりに応じて言葉かけなどを工夫し、自分でできるところはなるべく保育士が手をかけないようにした。→ら、どうやったんですか　そしてどう評価、反省するかです

・夏まつりでは、家の人がいることで踊りなどで甘えたり、はずかしがったりして、いつもしている姿が出ない子もいたし、保育士と一緒に喜々として積極的に参加する子もいた。行事のもち方として、子どもたちがその場の雰囲気になじんで落ち着いた頃に、踊りなどを見せる場があり、その頃には自分を出せる子もいてよかったと思う。

【指導計画事例4】　M保育園　3歳児――のりで遊ぼう

＜保育目標＞　ねらいは目標をより具体化した例といえます

さまざまな体験を通して，豊かな感性を育て，創造性の芽生えを養う。

＜3歳児　年のねらい＞

（養護）　保健的で安全な環境をつくり，一人ひとりの子どもの欲求を満たし，生命の保持と情緒の安定を図りながら快適に生活できるようにする。

（教育）　さまざまな物を見たり，聞いたり，ふれたり，いろいろな発見をしたりして，想像する心を養い感性を豊かにする。

→理念・理想・目標のような言葉に近い発達の方向性として楽しむ・味わう・広める・深める・しようとするといった言葉を使用したほうがよいでしょう

＜10月のねらい＞

（養護）　室内外の安全・衛生に留意し，一人ひとりの状態を十分に把握し，快適に生活できるようにする。

（教育）　身近な環境に関わり，身のまわりの事物に関心をもつ。→ 発達の方向性です

＜10月　第1週のねらい＞

（養護）　一人ひとりの状態を把握し，保健的で安全な生活ができるようにする。

（教育）　さまざまな素材や用具を使って，好きな形を作って遊ぶことを楽しむ。

＜日案＞

ねらい	（養護）　活動状況や衛生に気を配り，一人ひとりの状態に応じて適切に対応する。 （教育）　物の色・形・大小の違いを知りながら，のりを使って，好きな形を作って遊ぶことを楽しむ。		
養護の内容	・気温・天候・子どもの状態を把握し，快適に生活できるよう環境を整える。	配慮事項	・一人ひとりの健康状態を表情，顔色，機嫌などから把握するようにする。 ・活動にさしつかえのない程度に窓を開け，風通しをよくし，過ごしやすいようにする。

援助事項として５等分ではありません　人的・物的に理解します

	内容	環境構成	予想される子どもの活動	保育者の援助・配慮事項
健康	・簡単な身のまわりのことでできることは自分でしようとする（トル）	・のりで汚れた指や手をきれいにできるよう，各テーブルに用意する	・指や手についたのりをお手拭きで拭く ・衣服で手を拭いたり，汚れた手を拭かない子もいる（トル） ・洗面所で指や手をきれいに洗い，ハンカチで拭く	・のりがついたままの状態で制作をつづけるとあちこちにのりがついたり，みんなで使う材料の色紙にものりがついてしまうことに気づいていけるように言葉をかける
人間関係	・共同のものを大切にし，譲り合ったり，協力しながら一緒に使う	・共同で使うものは，子どもたちが一緒に使いやすいように，どの子どもからも手が届くように置く	・手の届かないものを「とって」「かして」と友だちに伝え，一緒に使おうとする ・共同で使うものを，一人占めする ・友だちが作っている様子を見たり，友だちと同じものを作って喜んだりする	・自分の物とみんなで使う物があることを知らせ，自分のことばかりではなくまわりの友だちのことも考えていけるようにする
環境	・色，形（○・△・□），大きさなどに興味をもち，違いを知る	・さまざまな色や大きさの違う，○・△・□の形の色紙を十分に用意しておく	・色，形，大きさに気づく ・大きさの違いや色，形に興味を示さない子もいる（トル） ・制作途中で「もう作らない」と作ることをやめようとする	・子どもの気づきや発見をしっかり受けとめまわりにいる子どもにも知らせていくことで，より興味が高まるようにする ・途中で制作をやめたがる子どもに対しては無理強いはせずに，その子どもの気持ちを受けとめていく
	・のりの使い方を知る	・のり台紙は，適切な大きさのものを用意しておく	・のり台紙を使って，制作する ・のり台紙を使わないために，机や作品を汚す子もいる（トル） ・のりがうまく指に取れない ・色紙の色のついているほうにのりをつける ・色紙からはみ出してのりをたくさんつける ・色紙の真ん中にだけのりをつける ・のりの量が少なすぎて色画用紙にくっつかない	・のりの使い方は個人差があるので，様子を見ながら，個別に言葉をかけたり，わかりやすいよう保育者が実際にやってみせたりする ・子どもがのりの量を考えたり，隅々まで丁寧にのりづけしているときは，その姿を十分に認めた言葉をかけていく

ねらいの言葉として消します

物的環境として大切にします

発達の個人差を理解します

援助事項としての内容を書くのではありません

少し工夫して具体的に立案します

発達の個人差を明確にすることで実践が丁寧になります

子どもの目・耳・手足になって立案します

このように子どもの手になって立案します

このようにのりが使えた喜びを味わわせる援助を立案することが「ねらい」をおさえた計画になります

言葉	・保育者や友だちに自分の思ったこと，してほしいことを話す ・色・形の名称を知る	・補充用ののりを用意しておくが，子どもから要求が出るまでは出さない 自発的行為を促すための環境としてこのように工夫したいものです ・保育者は，子どもが言葉をかけてきたときにじっくりと聞いてあげる姿を示す 人的環境として大切にしたいものです	・のりがなくなったことを保育者に伝える ・のりが不足していたり，固まったりして使いにくい状態を，保育士に伝えられない 自我能力をおさえた実践に結びつきます ・「バナナの色」「ウルトラマンの色」などと知っているもので色を言う ・「私と同じ色やね」「僕のかっこいいよ」などと作品を見ながら話をする 援助事項の内容に結びついた働きが明確になる立案です	・のりの不足，使いにくい状態など，困ったことを，どうしてほしいか伝えられるように促していく ・言葉で思いを伝えられずにいる子もいるので表情や態度から，一人ひとりの思いを読み取り，その思いを十分に受けとめていく ・子どもの感じたままの色の表現を大切に受けとめながら，正しい色の名称もさりげなく知らせていくようにする ・友だちと会話を楽しんでいるときは，必要以上に介入せず，その姿を見守ったり，時に仲立ちをしていくことで，友だちとの関わりを大切にしていく
表現	・自分のイメージに合わせて好きな形を作ることを楽しむ	・保育者も好きな形を作って楽しむ姿を示す	・「○○みたいになったよ」とできたものを保育者や友だちに見せる ・次々に，いろいろな形を作り出す ・友だちの作る姿を見て，作り出す 個人差が一番出るところです　子どもの姿でなく関わることを立案することで援助が幅広くなります	・きちんとした形になっているかいないかではなく，子どもが自分で作ったことに対して満足したり，また次へと楽しさをもてるようにする 感性豊かな想像力に結びついた立案として大切にします

—活動の実態— → 感想文にならないようにできるだけ事実を記録します

実施日程　平成14年度10月3日（木）　晴れ　AM10:00～10:30　参加人数…児童14名・保育者1名

・活動で使う材料で，テーブルの上がいっぱいになってしまっていた。そのため，「せまい」と話したり，のりの置き場に困ったり，のりをどこでつければいいか悩んでいる子が多かった。また，のりの容器のふたをテーブルの下に落としたり，あとで自分のふたがわからなくなってしまう子もいた。

・のり台紙を使っている子もいれば，のり台紙の存在を忘れて，テーブルの上や作品の上でのりをつけて，あちこちのりだらけにしている子がでてきた。

・これまでの経験から，ほとんどの子どもが，人差し指にのりをつけていたが，のりがうまく指につかず，容器に指を入れてグルグルと回していたり，両方の手の指を入れている子もいた。また，のりをつける量は，山盛りにたくさんの子もいれば，ついているかついていないかわからないくらいに少ない子がいたりして，さまざまであった。使い方にはまだ個人差もあり，援助が必要なところもあるので，今後さらに保育者と経験を重ねていきながら，慣れるようにしていきたい。

できるだけ具体的に記入します

・友だちと話したり，保育者に笑顔で「見て！見て！」と作ったものを見せたり，活動を終えてからも仕上がった作品を見て話が盛り上がっている様子から，楽しんでいることがうかがえた。保育者も一緒にその楽しさを共有したことで，子どもたちの満足感も高まったようだ。

—評価・反省— → 次の保育の出発点になるように記録します

・活動を楽しむ子どものほうに目が向きすぎ，子どもが洗面場で手洗いしている様子や，その後の手拭きの状態を十分に見られていなかったので，これからは，もっと広い視野で子どもを見つめ，その姿に応じた適切な対応を心がけたい。

・環境構成において，場の保障を考慮していなかったので，子どもの活動に支障が出てきた。次回からは，テーブルの数を増やす，テーブルに座る人数を減らす，活動で使う材料の種類，量などを配慮したい。

このように具体的に記入します

・色，形，大きさの認識には個人差が見られたので，一人ひとりの状態に合わせて，物の色，形，大小の違いなどに関心を広げていこうと思う。

・いろいろな形を作って遊びを楽しむ姿が見られた。今後も，子どもの発想を大切にしていきながら，その感性をより豊かにしていきたい。

【指導計画事例 5】 M保育園 4 歳児――紙飛行機

＜保育目標＞
・自然や社会事象についての興味・関心を育て，それらに対する豊かな心情や思考力の基礎を培う。

＜4 歳児 年のねらい＞ 到達目標ではありません 発達の方向性です

（養護） 保健的で安全な環境をつくり，一人ひとりの子どもの生理的，精神的欲求を満たし，情緒の安定を図りながら快適に生活できるようにする。

連動していることを時々確認したいものです

（教育） 日常生活に必要な事物を見たり触れたりして，物の性質や存在に興味をもったり，数，量，形などへの関心を深める。

＜10 月のねらい＞
（養護） 季節の変化に応じて，保健的で安全な環境をつくり，快適に生活できるようにする。
（教育） 生活や遊びの中で，数，量，形などに関心を深める。

＜10 月 第 1 週のねらい＞
（養護） 気温，活動に合わせて衣服の調節をして，健康的に過ごせるようにする。
（教育） 身近な素材に関心をもち，その性質や数，量，形などに興味や関心を深める。

保育者の活動として大切です

心情・意欲・態度などを表わす言葉として大切にします

＜日案＞

ねらい	（養護） 一人ひとりの健康状態を把握し，快適に生活できるようにする。 （教育） 身近な素材の材質や性質に関心をもち，遊びに取り入れる楽しさを味わう。		
養護の内容	・一人ひとりの状態を把握し，健康で安全に過ごせるようにする。	配慮事項	・保育室の換気，保温，清潔など環境保健に配慮する。 ・子ども全体の様子を把握し，常に安全確認をしていく。

トル…子どもの姿であってどのように関わるかを工夫します

	内容	環境構成	予想される子どもの活動	保育者の援助・配慮事項
健康	・危険な物や場所についてわかり，安全に気をつけて遊ぶ	・室内とプレイルームの安全点検や整備を十分に行ない，危険物が置いてあれば取り除いておく	・飛ばすことに夢中で周囲を確認せずに行動する~~など危険な状態が見られる~~ ・走りながら飛ばしたり，友だちに向けて飛ば~~したりする~~ す ・人の迷惑を考えず，狭い廊下や部屋など人の多い所で飛ばす~~子もいる~~ ・所持品の始末をせず，すぐに遊び始める ・内履きズックをふん~~でいる子~~ だり，ズックを履かず裸足で遊ぶ~~子もいる~~	・危険な行動や状態が見られたときは，その都度，どうして危険なのか気づかせるよう話をする ・所持品の整理がきちんとできているか，個々に確かめ，できていない子には言葉をかけていく ・ズックのかかとをふんでいる子，左右をまちがえている子には，正しく履かないと危険であることを気づかせていく ・「友だちにぶつかると危ないね。もっと広い所はないかな？」と言葉をかける
人間関係	・保育者や友だちとの安定した関係の中で生き生きと遊ぶ ・友だちを手伝ったり人に親切にすることや親切にされることを喜ぶ	・保育者が楽しそうに子どもたちと紙飛行機を飛ばす姿を示す ・上手に作ったり飛ばしたりしている友だちの姿を示す	・友だちや保育者と一緒に競争しながら飛ばすことを楽しむ ・友だちや保育者が遊んでいるのを見ている ・紙飛行機を取り合い，けんか~~になる~~ する ・友だちに「作ってあげようか？」と言ったり，進んで教え~~たりす~~る ・作りたいが作れなくて，モジモジ~~している~~ する ・自分の作れないところは保育者や友だちに作ってもらったり，教えてもらったりする ・友だちに作ってもらうが，「自分の思いと違う」と怒る	・友だちと一緒に遊ぶ楽しさが味わえるよう，保育者が仲立ちとなり一緒に楽しんでいく ・一人で作れず困っている子には「○○君に教えてもらおうか」と上手に作る友だちを紹介し，友だちとふれあう機会をつくる ・子どもたちで作ったり教えあったりする姿を大切にしていく ・トラブルが起きたらお互いの気持ちを十分に受けとめ，保育者が仲立ちとなり，問題を解決する手助けをする

援助事項として理解します

発達の中の相互作用として理解し，どのように関わるかを立案します

注意はできている子に対して見つけ，認め，ほめる保育を子どもたちにも示すことも大切です

内容に近い

さらに重要なのは子どもが子どもをほめる保育ができるようにほめ上手な姿をクラスで見せ合うことです

人的環境の記入例です

環境	・紙の性質に関心をもち，工夫しながら，数・形などに関心をもつ	・広告紙，包装紙，新聞紙などいろいろな材質や形の紙を用意する ・子どもたちが，自由に紙飛行機を飛ばせるように，保育者が折った紙飛行機を数個用意しておく	・思い思いに紙飛行機を飛ばす ・よく飛ぶ紙飛行機はどれか，確かめる ・いろいろな紙を使って紙飛行機を作り，飛び具合を見ながら，改良を重ねる ・紙飛行機を作ることが楽しくて，たくさん作る~~ことに満足する~~ ・すぐに落下し，かんしゃくを起こす~~子も見られる~~ ・自分の思うように折れず，友だちや保育者に作ってもら~~って満足する~~う ・作って飛ばすことに飽きたり，よく飛ばないと紙飛行機を放って，別の遊びへと移って行~~ったりする~~く	・形や飛び方のおもしろさを，周りの子どもたちにも知らせていく ・「どうしたら飛ぶかな？」など作り方や紙の質の違いに気づくよう言葉をかける ・「○○君のはよく飛ぶねぇ。どんなふうに折っているのか見せて」「○○君の飛ばし方かっこいいね」と周りの子どもたちに知らせることで友だちの輪を広げていく ・一人で折れず困っている子には保育者が一緒に折ったり，わかりやすく知らせたりする ・「飛行機，淋しいって泣いてるよ」「せっかく作ったのにかわいそうね」など言葉をかけ，物の大切さについて気づかせるようにする
	・自分の物と人の物，共同の物の区別に気づき大切に~~しようと~~する	・共同で使うセロハンテープをいくつか用意しておく	・セロハンテープや紙を，一人占めして使う ・共同の物を，友だちと一緒に使う	・「○○ちゃんも○○君もセロハンテープ使いたいって困ってるよ」など，言葉をかけ，自分で使う物と共同で使う物の区別がつくようにする

自分で選ぶことができるためにはこの立案が大切です

多すぎたり少なすぎない環境を構成して主体性を養います

しようは意欲になりねらいの言葉です

このように共感を多く取り入れたいですね

このように内容にふさわしい援助も明確にするといいですね

言葉	・考えたり経験したことなど，友だちとの会話を楽しむ	・一人ひとりの発言を大切にし，考えたことや思ったことを言葉で表現できる雰囲気をつくる	・「ここは，こうやって折るといいよ」「教えてあげようか。もっとこうしたら飛ぶよ」など，友だちと作り方を教えあう ・友だちに教えてもらいたいのに，なかなか言い出せ~~ずにいる~~ない ・「見て！見て！たくさん飛んだよ」「クルッと回ったよ」など，紙飛行機を飛ばせた様子を話す	・子どもどうしでの言葉のやりとりを楽しんでいるときは，保育者が必要以上に中に入りすぎず，その姿を見守ったり，時には保育者が仲立ちとなり，友だちと関わる楽しさを味わえるようにする ・言葉が足りず，うまく表現できない子には，言葉を補いながら，話すことができた喜びを味わえるようにする
	・保育者や友だちにしてほしいことを言葉で伝える	・子どもが言葉で伝えようとしているときは，じっくりと聞いてあげる姿を示す 人的環境として大切にしたい立案です	・「先生，○○ちゃん危ないことしているよ」と友だちのことを保育者に言いに来る ・「廊下で飛ばしていい？」「プレイルーム行こう」など自分の思いを言葉で表現する	・遊びに夢中になりすぎて，危険な行動をとる子には，わかるように言葉で伝えていく
表現	・材料や用具を使って自由に描いたり，作ったりすることを楽しむ ・手ざわり動きなどに気づき，驚いたり感動したりする	・工夫したり満足感を味わったりできるようにハサミやマジックなどを用意しておく ・材料や用具コーナーは，子どもたちが考えたり，試したりしやすいように設定する	・飛行機をいくつも合体したり，前のほうを重くしたりと工夫する ・飛行機に模様をつけたり色を塗ったりと工夫する ・「このツルツルした紙のほうがたくさん飛んだよ」「ガサガサしているのは，あんまり飛ばないね」と材質の違いを友だちと教え合う 工夫させたいことは内容なので留意します	・一人ひとりの創意工夫を認め，自分で工夫する楽しさを味わえるようにする ・一人ひとりのイメージを大切にし，必要に応じて援助していく ・保育者も一緒に作ったり，飛ばしたりして，子どもの発見や驚きを大切に受けとめ共感していく ・子どもの様子を見ながら紙の感触の違いに気づいていけるよう言葉をかける このような実践が思考力の基礎になります

—活動の実態—

実施日程　平成 14 年　10 月 7 日（月）　くもり　AM10:00 ～ 11:00

このように第三者が読んでも理解できるような記入をしたいものです

・紙飛行機を見て，作り始める子，保育者に教えてもらいながら作る子，自分で作ったことを喜ぶ子が多く見られたが，中には「どうやって作る？」「教えて！」が言えず，モジモジしていたり「だって作れないもん…」と半ベソをかいたりする姿も見られた。そんな中，作れなくて困っている友だちに「作ってあげようか？」と優しく声をかける姿も一部見られ，嬉しく感じた。

・自分の作った紙飛行機のかっこよさを友だちと得意気に言い合ったり，見せ合ったり「あっ，僕も○○ちゃんみたいに作ろう」と工夫したり，刺激し合う姿が見られた。さらには，友だちが作ったり，飛ばしたりしている姿を見て，他の遊びをしていた子も，遊びに参加し始めた。

・友だちからの優しいアドバイスで,飛ばせなかった子が,最後に飛ばせるようになり「先生！飛ばせた!!」と伝えに来て，友だちや保育者と喜びを共感することができた。

・紙飛行機をうまく作れる・作れないにこだわらず，工夫して作ること，自分で作ったものを飛ばすことを楽しんでいる気持ちを大切にした。

—評価・反省—

・紙飛行機がうまく作れずに困っている友だちを手伝ってあげたり，教えてあげたりする姿を大いに認め，他の子どもたちにも伝えることで，友だち関係がより深まるように配慮した。これからも，遊びや生活を通し，思いやりの気持ちを育んでいきたい。

・紙の性質に関心をもち，紙の質の違い（ザラザラ・ツルツルなど）に気づかせたかったのだが，今回は作ったものを飛ばし，楽しむということが中心となってしまったので，次回は，その違いに気づくような働きかけをしていきたい。

目標のために必要です

・子ども全体の様子を把握できていなかったために，トラブルが生じても子どもの納得のいく関わりができず，お互いに不満足のまま遊びをやめてしまった場面があった。また，子どもたちに意見を求めた際，一部の子の思いだけを通してしまったのでは？　と思う場面もあり，反省している。30 人という大きな集団ではあるが，一人ひとりが安定した気持ちで過ごせるように，もっと広い視野をもち，その場その場に応じた対応を心がけたい。

なぜかを記入することで次の保育の出発点になります

著者紹介

◆ **飯田和也**（いいだ かずや）
1945 年　愛知県生まれ
1968 年　玉川大学文学部卒業
1977 年　愛知学院大学大学院修士課程修了（発達心理学）
　その後、名古屋大学大学院教育学部教育心理学研究生（臨床心理学）などを経て、幼稚園の園長を務めたり、保育所や乳児院、児童養護施設、老人施設の役員をしたり、障害児とのふれ合いをとおして、「保育の計画」「保育の方法・援助」などの考え方や実践について全国各地で講演するなどして活躍中。
現　在　東海学園大学教授
　　　　学校法人緑ヶ丘学園、誠和幼稚園理事長・園長
　　　　国際子ども研究所所長
＜主な著書＞
『改定　保育所保育指針解説』（共著）1990 年　北大路書房
『乳児保育実践マニュアル』（共著）1990 年　日本保育協会
『指導計画の作成と内容の展開』（共著）1991 年　北大路書房
『指導計画記入事例集』（編著）1991 年　ひかりのくに
『保育の計画記入事例集』（編著）1992 年　ひかりのくに
『統合保育』（共著）1992 年　コレール社
『世界で一つしかないもの』1995 年　花書房
『指導計画立案ノート 3 ／ 4 ／ 5 歳児』（編著）1996 年　ひかりのくに
『障害をもつ子どもの保育』（編著）1996 年　みらい
『一人ひとりを愛する保育』1998 年　北大路書房
『0 ／ 1 ／ 2 歳児の指導計画』（編著）1999 年　ひかりのくに
『保育所保育指針Ｑ＆Ａ 70』（共著）2000 年　ひかりのくに
『一人ひとりと向き合う子育て』2002 年　北大路書房
『子どもを授かった喜び』2008 年　あいり出版

◆ 写真提供／**飯田孝之**（いいだ たかゆき）
略　歴
1972 年、岐阜県に生まれる。16 歳でスリランカ（コロンボ）に 1 年間、17 歳より約 3 年間カナダ（バンクーバー）に留学の後、フリーのカメラマンとして保育の現場を撮影し、スリランカ、フィリピン、カンボジア、ニュージーランド、イギリス、中国の国々の子どもの姿や自然を中心に撮影して回る。その後、特別養護老人施設で 2 年間高齢者の介護をし、現在は子どもに関する写真家として外国および日本で撮影活動を意欲的に続けている。

〔飯田和也先生 住所〕
〒 508-0015
岐阜県中津川市手賀野 495-9
電話・FAX　0573-65-6420

一人ひとりを認める保育

—子どもの生きる力を育てる指導計画—

2006 年 3 月 30 日　初版第 1 刷発行
2008 年 8 月 20 日　初版第 4 刷発行
2009 年 4 月 20 日　再版第 1 刷発行
2011 年 2 月 20 日　再版第 3 刷発行

定価はカバーに表示してあります。

著　者　飯 田 和 也
発 行 所　㈱北大路書房
〒 603-8303　京都市北区紫野十二坊町 12-8
電　話　(075) 431-0361 ㈹
F A X　(075) 431-9393
振　替　01050-4-2083

制作／T.M.H.　印刷・製本／㈱太洋社
検印省略　落丁・乱丁本はお取り替えいたします。

ISBN978-4-7628-2497-5　Printed in Japan